Frieder Stöckle
Spielen in der Natur

Frieder Stöckle

Spielen in der Natur

mit vielen Fotos von Roland Bauer

Union Verlag Stuttgart

Frieder Stöckle

1939 in Schorndorf geboren. Seine Ausbildung und seine beruflichen Tätigkeiten sind sehr vielseitig. Neben verschiedenen Lehrtätigkeiten arbeitet er auch als freier Bildhauer und Gestalter. Seit 15 Jahren veröffentlicht er Kinder-, Jugend- und Sachbücher.

Roland Bauer

1950 in Stuttgart geboren. Er absolvierte das Studium der Fotografie an der Fachhochschule Dortmund. Seit 10 Jahren lebt er in Winterberg/Hohenlohe und ist seither auch als freier Fotograf tätig. Seine Bilder wurden bereits auf vielen Ausstellungen gezeigt und in Bildbänden veröffentlicht.

© 1989 by Union Verlag GmbH, Fellbach
Alle Rechte vorbehalten
Einbandgestaltung: Wolfgang Koksch
unter Verwendung von Fotos von Roland Bauer
Illustrationen: Liane Jesse
Satz: Remsdruckerei, Schwäbisch Gmünd
Reproduktionen: Gerold Schmid, Stuttgart
Druck und buchbinderische Verarbeitung: Ebner Ulm
ISBN 3-8139-5661-X

Inhalt

VORWORT

Spiele gehören zu unserem Leben. Doch die meisten Spiele sind Kampf- und Konkurrenzspiele. In unseren Spielen steckt eben immer auch ein Stück unserer gesellschaftlichen Wirklichkeit.

Die in diesem Buch erstmals entwickelten und zusammengestellten Spiele eröffnen einen Welt der Phantasie, des anregenden Miteinander ohne Konkurrenz und Kampf.

Es sind Spiele, die mitten hineinführen in die Welt der Natur. Das Ungewöhnliche dieses Spiele-Buches besteht darin, daß die Spieler/Benutzer auf Entdeckungsreise gehen können, und zwar in die Welt, die uns umgibt: Sie finden Moos, Rinde, alte Gemäuer, Steine, Gras, Bäume, Blätter, Horizont und Wind.

All diese Dinge verändern in den Spielaktionen ihren üblichen Bezugsrahmen und ihre gewohnte Einschätzung.

Wer mit dem Buch umgeht, liest und spielt, wer das Buch anwendet, der bemerkt, daß er viele Dinge bislang aus der Distanz des Autofahrers, des Spaziergängers, des Fernsehers erfahren hat.

Die hier vorgestellten Spiele zeigen einen Weg, wie wir unsere natürliche Umwelt – und damit auch uns selbst – seelisch-körperlich neu erfahren können.

Junge und jung Gebliebene werden aufgefordert, sich ganz auf die Natur einzulassen. Die äußere Natur wird zum Spielplatz für Akustikspiele, Wetterspiele, Rindenspiele, für Denk- und Empfindungsspiele, für Suchspiele, Körperspiele und Aktionen.

- Was hört man im Laub?
- Wie kann man das Geheimnis der Bäume erfahren?
- Welche Spiele bietet die Schneelandschaft?
- Wie werden Berge versetzt, und wie kann man das Gras
  wachsen sehen?

Mit den zahlreichen Fotos des bekannten und sensiblen Fotografen Roland Bauer, mit konkreten Spielanstößen und sanften Hinweisen möchte ich Phantasie, Denkvermögen und Erlebnisbereitschaft eines jeden ansprechen.

Das Buch kann in vielen Bereichen verwendet werden, von der Freizeit, Familie, Nachbarschaft bis hin zur Schule.

Frieder Stöckle

BÄUME UND HÖLZER

Spiele mit Hölzern
Kegeln

Die Spieler sägen sich eine Anzahl gleichlanger Hölzer zurecht. Es sollten schön gewachsene Rundhölzer sein mit einem Durchmesser von etwa 8−10 cm. Dürre Rundhölzer findet man überall im Wald.

Die Rundhölzer werden auf einer Waldlichtung, am Waldrand oder auf der Straße aufgestellt. Anstelle der Kugel verwendet ihr eine dicke Holzscheibe, die ihr in die aufgestellten Holz-»Kegel« rollen laßt.

Es wird bei jedem Spiel von einer anderen Aufstellung ausgegangen. Der Spieler, der am wenigsten Punkte erreicht hat, darf jeweils die neue Aufstellung vorschlagen.

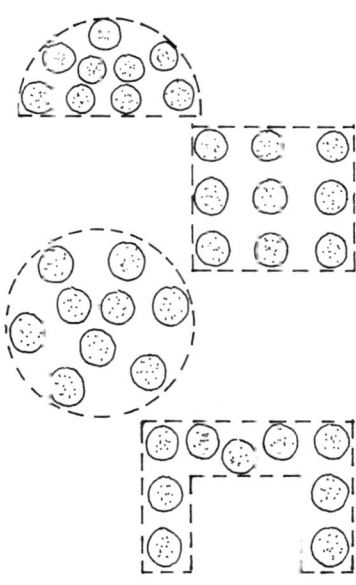

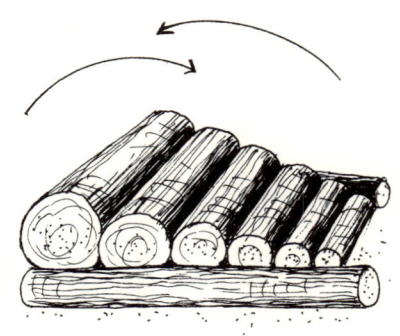

Hölzer umstapeln

Auf zwei Auflage-Hölzer werden verschieden starke Rundhölzer nebeneinandergelegt.

Nun soll eine Reihenfolge hergestellt werden, von dünn nach dick und dann wieder zurück von dick nach dünn. Dabei darf das dünnste Holz nie über das dickste bewegt werden.

Mit möglichst wenig Griffen auskommen!

Klanghölzer im Wald – Waldxylophone

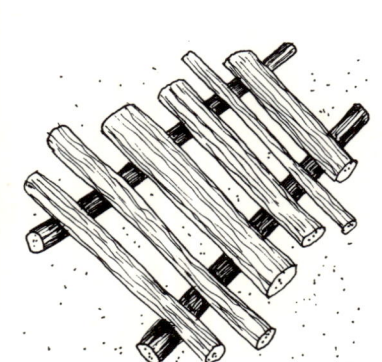

Die Spieler verteilen sich so in einem Waldstück, daß sie nicht über Rufweite voneinander entfernt sind.

Jeder Spieler baut sich jetzt ein Xylophon aus Harthölzern. Er verwendet dabei verschiedene Längen und Durchmesser. Die Klanghölzer müssen schön gelagert werden – am besten auf gerade gewachsenen Rundhölzern und über einer kleinen Erdmulde.

Nun werden die Hölzer geschlagen. Dabei hohe und tiefe Töne ausprobieren. Und dann auf die Klänge der anderen Xylophonisten hören und ihnen antworten. Allmählich entwickelt sich aus den zufälligen Tönen ein Klang-Bild. Vielleicht sogar eine Melodie!

Die Waldbesucher bleiben stehen und horchen . . .

Stangen – ein Lager-Spiel

Im Wald findet ihr überall Stangen. Oft sind sie über drei Meter lang. Sammelt diese Stangen und schichtet sie zu einem großen Haufen. Es dürfen ruhig 60 bis 80 Stangen sein.

Und nun sucht ihr einen abgelegenen Platz und baut aus den Stangen ein Lager, ein Zelt, ein Haus.

Mit drei starken und langen Stangen fangt ihr an. Sie werden pyramidenförmig aufgestellt. Das auf dem Boden ausgesteckte Dreieck sollte mindestens eine Seitenlänge von 1,50 Meter haben. Oben bindet ihr die Stangen mit geflochtenen Grasstricken zusammen. Jetzt werden weitere Stangen aufgestellt. Dicht an dicht. Und immer oben mit den schon stehenden Stangen verbunden. So entsteht ein schönes, gleichmäßiges Haus.

Natürlich ist es nicht regendicht. Aber das kommt noch! Wenn nämlich die Stangenkonstruktion steht, wenn der Rohbau aufgerichtet ist, dann sucht ihr nach Abdeck- und Abdichtungsmöglichkeiten.

Ihr könnt breite Schilfblätter verwenden. Oder Tannenreisig. Was sehr schön hält und absolut dicht ist: Rinde!

Wenn das Lager gut abgedichtet ist, dann geht ihr an die Innenausstattung. Moos, Laub, dürres Gras – damit wird der Boden wohnlich gemacht. Dann braucht ihr Tische, Bänke. Vielleicht auch Haken und Querstangen, um etwas aufhängen und befestigen zu können.

Zum Schluß bekommt euer Lager eine Fahne. Die Fahne trägt das vereinbarte Zeichen eurer Bande.

Ganz wichtig ist, daß ihr das Lager unsichtbar macht. Ihr müßt es so geschickt tarnen, daß kein Fremder etwas sieht. Durch Brombeerranken kann man ein Lager ganz schön unzugänglich machen. Oder ihr schleppt einen liegengebliebenen Baumwipfel herbei, den ihr so geschickt hinlegt, daß kein Mensch ein Lager dahinter vermutet.

Und dann könnt ihr auf Geheimpfaden einen Zugang zum Lager einrichten. Aber nur für Mitglieder eurer Bande oder Gruppe. In einem solchen Lager kann man ohne weiteres auch übernachten, ja, ein ganzes Wochenende zubringen. Den notwendigen Proviant nicht vergessen!

Schmuckzweige

Zweige werden häufig zum Ausschmücken von Räumen verwendet. Man kann aber auch die Zweige selbst schmücken. Nein, nicht mit Bändern und Krimskrams behängen. Sondern die Blätter mit verschiedenen Mustern schmücken und dadurch dem Zweig eine ganz eigene Gestalt geben. Eben eine Schmuckgestalt.

Brich dir irgendwo einen Zweig ab. Kastanien eignen sich gut. Aber auch Walnußbäume oder Kirschen. Die Blätter dürfen nicht zu klein sein.

Jetzt betrachtest du die Blätter genau. Du entdeckst zarte Rippen. Das ganze Blatt hat ein Gerippe. Die Rippen wachsen in ebenmäßigen Abständen, sie sind am Blattstengel verwachsen und werden zur Blattspitze hin immer zarter.

Faß jetzt mit Daumen und Fingerspitze vorsichtig zwischen zwei Rippen und trenne den Blattstreifen heraus.

Du wirst sehen, er läßt sich sauber abziehen. Nun läßt du ein Feld stehen und trennst dann wieder ein Feld zwischen den Rippen heraus. Ein Muster entsteht. Eine Art Laub-Zebra-Muster.

Du kannst ruhig auch die Reihenfolge mal ändern: einen Streifen reißen, zwei stehen lassen, zwei reißen, einen stehen lassen. Oder dreimal reißen und dreimal stehen lassen. Wie es dir am besten gefällt.

Und jetzt wählst du an deinem Zweig einige Blätter, die das Muster bekommen sollen. Die übrigen Blätter bleiben wie sie sind. Und dann stellst du deinen Zweig in eine Vase. Wenn ihr eine Gruppe seid, könnt ihr eine ganze Schmuckzweig-Sammlung herstellen und eine kleine Ausstellung damit machen!

Trauerzeichen um gefällte Bäume und abgeholzte Wäldchen

Bäume in der Stadt sind Lebens-Bäume. Viel zu oft müssen sie Baumaßnahmen weichen. Das ist traurig.

Motorsägen kreischen. Hört ihr's? Irgendwo in eurer Umgebung werden wieder mal Bäume gefällt. Wahrscheinlich geht es wieder um »Straßenmaßnahmen«, um »Wohnbauerschließung«, um »Flurbereinigung« oder wie die Zerstörungsbegründungen sonst lauten.

Sucht solche Stellen auf. Ihr findet sie, denn die Motorsägen sind laut und ziemlich aggressiv. Ihr könnt aber auch ins Rathaus gehen und die öffentlich ausliegenden Bebauungspläne einsehen.

Bäume werden überall gefällt. Und oft sind es Bäume, die

dem ganzen Wohngebiet, dem Straßenzug das charakteristische Gepräge gaben.

Man kann seiner Trauer über den Verlust der Bäume Ausdruck geben: Zieht dunkle Kleider an und geht auf das Gelände, wo die Bäume abgeholzt werden. Stümpfe verweisen auf eben noch vorhandene, gesunde Bäume.

Die Schnittstellen treiben Harz. Und es riecht nach frischem Holz. Manchmal riecht es aber auch nach Rauch. Verkohlte Asche und Äste liegen herum.

Dies ist ohne Zweifel ein trauriger Platz! Und deshalb macht ihr jetzt Trauerzeichen auf der Rodungsfläche. Drückt Empfindungen in einer passenden Körperhaltung aus: Jammer, Schmerz, Empörung, Zerknirschung.

Die Stadtsanierung kann auch zur Zerstörung führen. Wo gestern ein wohnliches altes Fachwerkhaus stand, dessen Fenster freundlich auf die Straße blickten, liegen jetzt nur noch ein paar alte Balken. Das Haus ist verschwunden. Auch hier sollte man das Trauerzeichen machen. Direkt zwischen den Balken und Hausresten.

Bildet ein Trauer-Denkmal aus euren Körpern. Ein großes Kreuz oder eine Kreuz-Gruppe.

Kreuz und kauern. Stumm, anklagend, regungslos. So bleibt ihr möglichst lange stehen (ab und zu könnt ihr euch etwas lockern oder die Position wechseln).

Der beste Zeitpunkt für die Trauer-Spielaktion ist der Feierabend. Wenn die Leute nach Hause gehen. Sonntagnachmittag ist auch kein schlechter Zeitpunkt.

Die Leute kommen, zögern, bleiben stehen. »Sind die noch bei Trost? Was ist mit denen?« werden sie sich fragen und die Schritte verlangsamen.

BÄUME UND HÖLZER

Es ist gut möglich, daß sich ein kleiner Zuschauerring um euer Mahnmal bildet. Vielleicht regt es die Leute zum Nachdenken an. Einzelne machen womöglich mit. Jetzt bildet ihr einen großen Ring aus Kreuzen. Innen kauern Kinder. Eine ganze Trauerfläche ist entstanden. Vielleicht kommt sogar ein Lokalreporter und macht ein kleines Interview ...

Hölzchen-Spiele

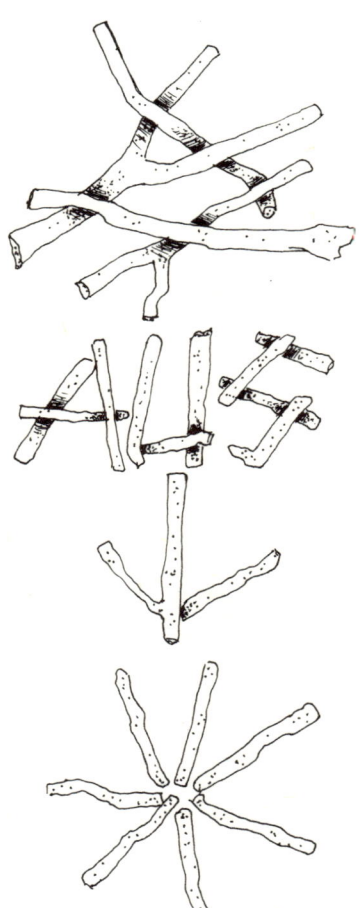

Habt ihr eigentlich schon mal die Hölzchen genau betrachtet, die überall im Wald herumliegen? Nicht? Dann wird es aber Zeit. Die Hölzchen haben eine eigene Sprache.

Ihr sucht fingerdicke Hölzchen. Sie können gegabelt sein, kreuz und quer durcheinander oder übereinander liegen. Beobachtet nun genau, wie die Hölzchen liegen. Macht sie mit euren Fingern nach! Nehmt mit dem Wald Kontakt auf!

Ihr geht jetzt durch den Wald, den Blick auf den Boden gerichtet, und achtet nur noch auf die Hölzchen. In spätestens zehn Minuten hat jeder von euch seinen Hölzchenkontakt gefunden. Dann spürt ihr sie, die Holzruhe ...

Als nächstes könnt ihr euch Nachrichten hinterlassen. Mit den Hölzchen Zeichen neu erfinden oder alte Zeichen umerfinden. Ein Alphabet aus Buchenstäbchen machen. Das sind dann BUCHSTABEN.

Ein spitzes Dreieck zeigt in eine Richtung. Also losgehen und suchen, vielleicht ist dort ein Schatz versteckt.

Ein Viereck kann bedeuten, daß innerhalb eines bestimmten Feldes etwas Besonderes los ist. Was? Man muß nachforschen . . .

Liegen die Hölzchen sternförmig, dann wird man in alle Richtungen ausschwärmen müssen . . .

Ihr könnt noch ganz andere Zeichen und Bedeutungen erfinden. Nur – sie sollten »lesbar« sein!

Mit den Hölzchen könnt ihr auch Mikado spielen. Irgendwo am Waldrand fangt ihr an: Geht in einer Reihe langsam durch den Wald und spielt barfuß Mikado. Mit allen Hölzchen. Behutsam vorgehen. Vorsichtig die Hölzchen abheben. Wenn es wackelt oder raschelt, kommt der Nächste dran. Die Mikado-Ästchen sammeln und mitnehmmen. Man hat beim Gehen ja die Hände frei. Vielleicht wollt ihr anschließend ein Feuer machen – an einem sicheren Platz!

Bäume

Bäume sind Freunde der Menschen von alters her. Unter Bäumen sucht man Schutz, ruht man sich aus.

Früher waren Bäume Versammlungs- und Beratungsplätze. Heute sterben Bäume . . .

Trefft euch und geht hinaus in den Wald. Der Stadtpark ist auch geeignet, wenn kein Wald in der Nähe ist. Und nehmt nicht die Wanderwege, geht quer waldein und schaut euch die Bäume genau an. Jeder sucht so lange, bis er einen Baum gefunden hat, der ihm ein bißchen ähnlich ist. In dem er sich wiedererkennt. Zum Beispiel eine starke und knorrige Eiche. Oder eine dunkle Tanne. Eine biegsame Weide. Eine freundliche Birke. Oder vielleicht eine

zähe Esche. Nun stellt sich jeder an den Stamm seines Baumes und umarmt ihn. Spürt ihn . . .

So, und jetzt werdet ihr selber ein bißchen Baum. Nicht so lange, wie der Baum schon steht. So viel Zeit habt ihr nicht. Aber so zehn Minuten solltet ihr für dieses Spiel mit dem Baumgefühl schon aufbringen.

Ihr habt Lust, den Wuchs des Baumes zu beantworten. Dabei könnt ihr unterschiedlich vorgehen. Entweder ihr ahmt die Form des Baumes nach, oder ihr stellt ähnliche Formen nach. Die Gestalt des Baumes wird durch ein Körperzeichen beantwortet.

Ihr könnt auch Gruppen bilden. Eine Baumgruppe. Irgendwo zwischen den anderen Bäumen. Jetzt streckt ihr die Hände hinaus und hinauf zu den Ästen. Mit den Ästen hinaus und hinauf!

Hört jetzt, hört, was außenherum los ist, aber hört auch, was in euch ist. Stille.

Ihr werdet staunen!

Unterhaltet euch über euer Baumgefühl. Tauscht Erfahrungen und Eindrücke aus. Jeder hat ja seine eigenen Erlebnisse mit dem Baum gehabt.

Und dann suche die Besonderheiten deines Baumes. Jeder Baum hat schließlich ein eigenes Wesen, wie die Menschen. Wenn dein Baum zum Beispiel einen besonderen Ast hat, dann beantworte dies durch deinen Arm-Ast. Gleich dich an.

Dann raufsteigen und die Äste probieren. Wie biegen sie sich? Wie ist es, wenn du dich draufsetzt? Was machen die Äste, wenn du ganz sanft wippst?

Steigt hoch hinauf und stellt fest, wie weit ihr sehen könnt

21

BÄUME UND HÖLZER

und was in unmittelbarer Nähe alles wächst. Ihr könnt euch durch Zeichen und Zurufe verständigen. Und jetzt beobachtet jeder, was er von seinem Baumwipfel aus sehen kann. Ganz ruhig werden, die Bewegung des Baumes spüren. Wartet einen Windstoß ab und beobachtet, wie stark der Gipfel schwankt. Es gibt Baumwipfel, die meterweit hin- und herschwanken.

Horchen! Die Stimmen der Wipfel unterscheiden lernen! Ihr könnt auch von dort oben Vogelstimmen nachahmen oder das Ächzen und Seufzen der Bäume im Wind.

Stell fest, ob dein Baum bewohnt ist. Vogelnester, Spechtlöcher? Vorsichtig und behutsam erkunden, aufschreiben! Welche Blattform hat dein Baum? Wie setzen die Äste an? Probier aus, wie rauh die Rinde ist. Untersuche, welche Insekten in den Ritzen wohnen und ob der Baum schon etwas Moos angesetzt hat. Manche Bäume werden von Rindenpilzen befallen. Wie sehen sie aus?

Schätzt auch das Alter des Baumes. Vergleicht anschließend eure Ergebnisse!

Zum Schluß untersucht ihr eure Bäume auf Blätter, Früchte, Samen und sonstige Dinge, die für die Herstellung von kleinen Spielgeräten und phantastischen Gebilden tauglich sind. Der Baum läßt im Laufe des Jahres viele Dinge fallen.

Flugobjekte kann man machen. Kleine Hubschrauber aus Samenblättchen und Ästchen. Schiffchen aus Rinde. Kasperpuppen und Gnome, Riesenschlangen und Sternschnuppen könnt ihr aus dem Baummaterial herstellen.

Besucht eure Bäume regelmäßig, das ist wichtig. Es kann eine richtige Baumpatenschaft werden.

BÄUME UND HÖLZER

Macht Bilder, Zeichnungen und Fotos von den Bäumen.
Zu jeder Jahreszeit. Euer Baum sieht immer anders aus.
Ein richtiger Verwandlungskünstler. Besonders schön ist
eine gemeinsame Ausstellung – »Unsere Bäume«.

Laubhören

Das geht ganz einfach.
Du streifst im Herbst beim Vorübergehen einen Zweig ab.
Am besten einen Buchenzweig.
Jetzt hast du eine Handvoll dürres Laub.
Bleib stehen!
Halt die Hand dicht an dein Ohr und raschle mit den
Blättern.
Raschle!
Reib die Blätter gegeneinander!
Du wirst staunen.
Pferdegetrappel geht los. Waffenlärm.
Germanen rasen durch den Wald. Waldgeister wispern.
Gewitterstürme toben.
Du wirst staunen.
Zum Grashören setzt du dich in eine Wiese.
Mit dem Kopf tief runter, die Halme spielen an deinen
Ohren.
Mach die Augen zu, und du erlebst heimliches Geflüster.
Windworte, von den Grashalmspitzen weitergetragen.
Liebesgeflüster.
Und wenn der Sturm die Gartenzäune entlangfegt,
dann mach dich auf und bleib bei den Drähten stehen.
Du hörst dann die uralte Windharfe. Sie schluchzt und
wimmert, daß es dir seltsam ums Herz wird.
Hör auch die Steinstille im Felsen.
Die Erdstimmen und den Herzschlag der Bäume, indem
du dein Ohr an die Rinde legst.
Du spürst: Alles lebt.

Blätterschnappen

Das ist ein Spiel, das ihr bei Geburtstagen oder Partys gut draußen spielen könnt. Ihr braucht eigentlich gar nichts vorzubereiten. Eine Schnur oder einen Gummi, mehr braucht man nicht. Jetzt reißt ihr euch einen Kastanien- oder Nußbaumzweig ab und bindet euch den auf den Rücken, indem ihr euch die Schnur oder den Gummi um den Bauch spannt. Auf ein Zeichen geht es los, das Blätterschnappen. Jeder versucht, den Mitspielern ein Blatt vom Rücken zu rupfen. Das ist nicht einfach, weil jeder Spieler sich ja blitzschnell wegdrehen kann.
Natürlich kann man dabei tricksen und täuschen. Es kommt eben darauf an, daß man geschickt vorgeht.
Wenn zum Schluß die Blätter abgerupft sind und bei einzelnen nur noch die Zweige auf dem Rücken hängen, dann ist das Spiel aus. Man kann ja vereinbaren, daß derjenige Sieger sein soll, bei dem am Schluß die meisten Blätter noch auf dem Rücken sind.

Spielfeld Baumstümpfe

Wenn der Förster mit seinem Handbeil einem Baum ein Stück Rinde weggeschlitzt hat, dann bedeutet das: fällen! Unweigerlich. Die Waldarbeiter verstehen diese Sprache. Sie rücken mit Äxten, Keilen und Motorsägen an und werfen den Waldriesen um.
Um den Baum richtig zu Fall zu bringen, müssen sie verschiedene Einschnitte machen und einen Keil in der Richtung heraussägen, in die der Baum fallen soll.

27

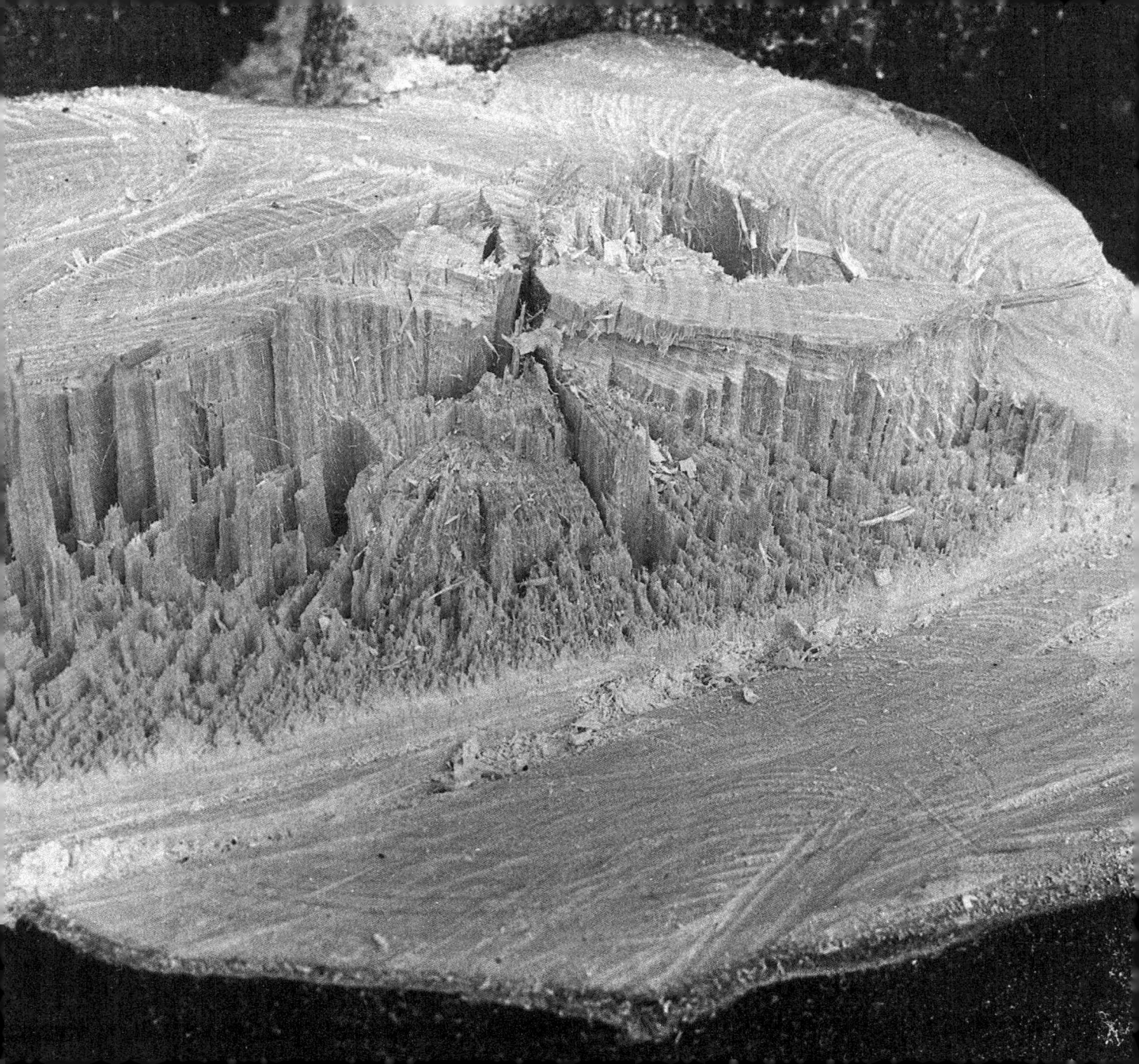

Wenn der Stamm entrindet ist, vermessen und verladen und weggeschafft, bleibt nur noch der Stumpf zurück. An ihm kann man die Fallrichtung des Baumes ablesen.
Wenn man sehr nahe an die Schnittfläche rangeht, wird sie zur Landschaft! Man erkennt plötzlich Stufen, Schichten, Schluchten und Brüche. Da ist ein Hochgebirge. Gletscher und Gletscherspalten. Da gibt es Hochebenen mit ewigem Eis. Was geht hinter den Felsvorsprüngen vor sich? Was sind das für seltsame Krater und Furchen?

Im Wald findet man oft Scheiben von Baumstämmen, die umgesägt wurden. Sie sehen höchst interessant aus.
Legt so eine Stammscheibe auf den Tisch. Und jetzt erzählt ihr Geschichten, die sich in dieser Landschaft zugetragen haben. Expeditionen sind aufgebrochen. Ihr könnt ihren Weg verfolgen. Wo ist der berüchtigte Schneequergang, wo drei Mitglieder der Expedition abgestürzt sind? Womöglich entdeckt ihr die Stelle, wo die rätselhaften Spuren des Schneemenschen gefunden wurden . . .

Natürlich kann man die Baumlandschaft auch anmalen – übrigens ein sehr schönes Geschenk!

Diese Baumlandschaft ist im übrigen eine großartige Kulisse! Hier können Freilichtspiele stattfinden. Wurzelfiguren haben Auftritte. Hagebutten sind plötzlich Riesen oder große rote Schloßtürme. Die ganze Landschaft kann zum Theater werden. Und die Spieler dazu könnt ihr erfinden!

Spitze Spickhölzer

Dafür suchst du gleichmäßig gewachsene Haselnußhölzer, ungefähr 70 cm lang und so dick wie Vogel-Strauß-Beine (oben!). Wenn du die gefunden hast – Äste, kleine Unebenheiten machen übrigens nichts aus – nimmst du dein Taschenmesser. So, und jetzt setzt du dich auf einen Stein, der ungefähr hockergroß sein sollte. Wenn er mit dichtem, etwa erdschweinchenborstenlangem Moos bewachsen ist, dann ist das gerade recht. Wie bestellt!

Mach zuerst einen Moment die Augen zu und überlege, welchen Schmuck du deinem Spickholz geben möchtest. Kringel, Schnecken, Spiralen, Bänder? Vielleicht nach einem bestimmten Abschnitt ein Kreuz, einen Totenkopf oder einen dreizackigen Stern?

Wenn du dein Spickholz frisch geschnitten hast, läßt sich die Rinde gut ablösen. Ganze Streifen lassen sich abziehen! So. Und jetzt machst du die Spitze. Das Messer gleichmäßig nach vorn durchziehen. Das Spickholz dabei drehen, wie ein Würstchen am Spieß. Nach ungefähr zehn Runden bist du fertig. Du hast jetzt ein schön verziertes, äußerst spitzes Spickholz.

Jetzt wird es ausprobiert. Breitbeinig stellst du dich hin und rammst das Spickholz vor dir in die weiche Erde. So lange üben, bis das Spickholz schön senkrecht steckt. Die ganze Spitze darf im Boden verschwinden.

Und jetzt auf einzelne Blättchen zielen. Knapp an einem Steinchen vorbei. Zwischen zwei Wurzeln. Haarscharf neben einem Schneckenhaus in den Boden jagen. Du bekommst Übung. Du wirst sicherer.

Dann die Luftübungen machen: Du wirfst das Spickholz hoch, es dreht sich einmal und kommt mit der Spitze nach unten auf. Es sollte natürlich stecken. Dann den doppelten Salto üben. Den dreifachen. Und schließlich eine ganze Saltoserie. Du wirfst dabei dein Spickholz bis zu den Baumwipfeln hoch! Aber natürlich aufpassen, daß nichts passiert.

Wenn ihr zu dritt oder zu viert seid, könnt ihr das Spickholzspiel machen. Einer fängt an und rammt sein Holz in die Erde. Möglichst tief und fest. Dann kommt der nächste. Er versucht jetzt, durch einen geschickten Wurf das im Boden steckende Holz umzuhauen. Schräg muß er seinen Wurf plazieren und mit viel Kraft. Dann kommt der nächste dran. Wem es gelungen ist, ein im Boden steckendes Holz umzuwerfen, der darf das Holz nehmen und es so weit er kann schleudern. Während nun der Eigentümer in rasendem Lauf sein Holz wieder holt, darf der andere, der »Umhauer«, sein Holz rasch hintereinander in die Erde spicken und zählen. Das gibt Punkte. Er kann nicht schummeln, es steht ja immer ein Spieler dabei, der darauf achtet, daß alles mit rechten Dingen zugeht.
Wenn ihr keine Lust zum Werfen habt, macht ihr das Rollspiel. Die Spickhölzer werden nebeneinander auf die Straße gelegt, ein Spieler zieht Schuhe und Strümpfe aus und versucht, sich jetzt barfuß auf den Hölzern fortzubewegen. Die anderen passen auf. Sobald der Spieler mit dem Fuß auf den Boden kommt, ist der nächste dran!

ERDE UND STEINE

Gebirge nach dem Regen

Irgendwo hockt ein Erdhaufen. Er wurde vielleicht vor
Wochen dort abgeladen. Die Stadtverwaltung hat ihn vergessen, oder der Bauherr kann nichts mehr mit ihm anfangen. Jedenfalls hockt der Erdhaufen jetzt da. Kein Mensch
beachtet ihn.
Aber du! Nach einem starken Regen betrachtest du ihn
genau. Da hat sich nämlich etwas Erstaunliches abgespielt.
Aus dem ungeformten Erdhaufen wurde ein majestäti-
sches, ja schroffes Gebirge. Hier spielten sich durch den
Regen Vorgänge von erdgeschichtlicher Tragweite ab!
Schlote haben sich gebildet, Grate, Gipfel und Hocheben-
nen. Dazwischen Schluchten und Schlünde. Wo vorher der
lächerliche Dreckhaufen hockte, da sind jetzt die Dolomi-
ten zu sehen.
Das Geheimnis? Steinchen in der Erde! Überall dort, wo
Steinchen eine »harte Platte« bildeten, konnte der Regen
die Erde nicht wegschwemmen. Wie im echten Gebirge.
Überall findest du solche vom Regen gebildeten Alpen!
Augen aufmachen!

Und nun kannst du daran weiterbauen. Du solltest zunächst Stromtäler anlegen mit einer schönen Uferbegrü-
nung.
Im Gebirge selbst baust du die Hochebenen zu großen
Bergwüsten aus. Ein bißchen Sand findest du immer.

ERDE UND STEINE

Und dann machst du dich an die Hänge: Wälder, Sträucher, Wiesen. Du mußt die Wachstumsgrenze einhalten! Du kannst Gipfelkreuze setzen und steile Bergtouren markieren. Vergiß die Berghütten nicht. Sie müssen in Tagestouren erreichbar sein. Bei deinen Klettertouren lassen sich alle Schwierigkeitsgrade unterbringen, von 1 bis 6! Und schließlich Städte anlegen am Fuß des Gebirges, Parklandschaften und Flugplätze. Du kannst eine ganze Welt gestalten!

Was wächst überhaupt? – Das Erdkästchenspiel

Wie wächst was?
Wo wächst was?
Was wächst eigentlich, wenn man gar nichts macht?
Wächst dann überhaupt was?
Das sind Fragen . . .
Probiert es doch einfach aus.
Mit dem Erdkästchenspiel kann man untersuchen, ob ohne was überhaupt was wächst. Man braucht einige kleine Holzkistchen dazu und etwas Erde, die man von jeder Baustelle holen kann. Die Erde muß allerdings aus der Tiefe stammen. Es dürfen keine Keime und Pflanzensamen dabei sein. Das ist die Voraussetzung. Sonst funktioniert das Erdkästchenspiel nicht.
Man füllt die Kästchen mit Erde, gleichmäßig und locker. Nicht stampfen, auch kein Wasser dazutun. Die Kästchen werden jetzt an ganz unterschiedlichen Stellen plaziert:

a) Mitten im Wald, irgendwo an einer geheimen Stelle eingraben, und zwar so, daß Kästchenerde und Walderde gleich hoch sind.
b) Irgendwo auf einer Wiese. Eingraben wie oben.
c) Mitten in eurer Stadt. Der Balkon eines Hochhauses ist besonders geeignet. Oder das Dach einer Tiefgarage.

Nachdem die Erdkästchen aufgestellt sind, wird nichts mehr mit ihnen gemacht. Nichts mehr! Kein Dünger, kein Wasser, keine anderen Pflanzen in die Nähe bringen. Einfach stehen lassen.

35

Und nun könnt ihr ja rumrätseln, was an Pflanzen zu erwarten ist. Ob überhaupt etwas zu erwarten ist! Und wenn ja, wie lange es dauern wird, bis die ersten Keimlinge sprießen ... Eine Liste anfertigen und an die Wand pinnen. Jetzt heißt es nur noch warten, warten, warten. Wie wird es den einzelnen Kästchen ergehen? Beobachtet, was aus ihnen wird! Fordert doch euren Freund, eure Freundin in einer anderen Stadt auf, auch das Kästchenspiel zu machen! Laßt euch schriftlich mitteilen, was passiert!

Mit Steinen, Dreck und Schilf

Ihr seid fünf oder sechs? Gut, das reicht schon. Jetzt macht ihr was!

Am Anfang muß keiner wissen, was es werden soll. Das ergibt sich. Einer fängt an. Vielleicht der, der sich als erster auf den Boden gesetzt hat. Oder der, der die langweiligsten Schuhe anhat. Der fängt an.

Mit einem Zweig drückt er vielleicht drei Löcher in die Erde. Oder er steckt einen Stein mit der Spitze nach unten (oder nach oben) in die Erde.

Dann kommt der nächste dran. Er legt einen Ast drauf oder einen Klumpen Erde. Oder er zieht die Schuhe aus und drückt mit den Zehen die drei Löcher vom Vorgänger ein bißchen tiefer.

Der nächste ist schon mit drei Tannenzapfen zur Stelle, die er in bestimmten Abständen um das angefangene Ding in den Boden drückt. Der vierte hat's jetzt leicht. Es ist schon viel gemacht und gerichtet, er braucht bloß weiterzumachen und weiterzudeuten, mit Dreck und Schilf, mit Ästchen und Gras, mit Wind und Wasser. Ganz gleich, was er macht: Es geht weiter.

Das Ding wächst in die Höhe oder in die Breite; es wird herrlich oder fürchterlich.

Immer wieder fängt der erste an, sobald der letzte seinen Beitrag dazugetan hat. Auf diese Weise wird das Gebilde dauernd verändert.

FEUER UND WASSER

Hölzchen-Wettschwimmen unter der Brücke

Bei euren Streifzügen und Wanderungen führt euch der Weg auch mal über eine Brücke.

Auf Brücken bleibt man gerne stehen, lehnt sich über das Geländer und betrachtet den Bach, man studiert den Grund und freut sich, wenn man Fische flitzen sieht.

Auf einer solchen Brücke macht ihr das Hölzchen-Wettschwimmen. Jeder sucht sich ein schlankes und leichtes Hölzchen. Dann stellt ihr euch bachaufwärts an das Brückengeländer und werft euer Hölzchen ins Wasser. Nun lauft ihr schnell an die Brüstung bachabwärts und stellt fest, welches Hölzchen als erstes dahergeschwommen kommt.

Ihr könnt auch ganze Serien machen. Im Abstand von drei Sekunden werft ihr Hölzchen ins Wasser, das gibt eine richtige Kette. Die Hölzchen bilden ein Muster auf der Wasseroberfläche.

Wenn das Hölzchenspiel keinen Spaß mehr macht, dann steigt ihr hinunter in den Bach und untersucht ihn. Welche Steine hat der Bach rund geschliffen?

Was wächst eigentlich direkt am Bachrand?

Wenn der Bach nicht zu breit ist, könnt ihr ihn stauen: Ihr stellt euch nebeneinander in den Bach. Die Füße quer zur Strömung. Jetzt entsteht ein kleiner See. Knöcheltief immerhin!

Spiel mit dem Feuer

Ein Feuerplatz ist ein besonderer Platz, weil Feuer Geheimnis ist, weil Feuer fasziniert. Immer.

Macht mal einen echten Feuerabend! Eure Eltern oder der Pfadfinder-Onkel sind bestimmt mit dabei.

Zunächst Material sammeln. Feines trockenes Holz. Fingerdicke Stücke und schließlich starke Hölzer, trockene Äste.

Aus den größeren Ästen eine Pyramide bauen, und innen das feine Holz aufschichten.

Wenn das Feuer brennt, vorsichtig Holz nachlegen, dabei immer die Pyramidenform einhalten. So zieht das Feuer am besten. So kann man es gut kontrollieren.

Zuerst setzt ihr euch um das Feuer herum. Erzählt ein bißchen. Am Feuer schweifen die Gedanken ganz anders als sonst. Und wenn die Dämmerung eintritt, entstehen zwei Welten. Die eine beim Feuer, hell, warm, lebendig. Und die andere draußen. Dunkel und unbestimmt.

Dann den Feuerring machen. Ihr bildet einen Kreis um das Feuer und faßt euch bei den Händen. Und seid ganz still. Hört nur auf das Knistern des Feuers und in euch hinein. Das Feuer rührt an Empfindungen, die ihr noch gar nicht genau kennt. Laßt euch darauf ein. Erforscht eure Empfindungen.

Und langsam im Kreis um das Feuer herumgehen. Ihr seht die vom Feuer geröteten Gesichter eurer Freunde. Zu der unruhigen Bewegung der Flammen kommen die ruhigen Bewegungen eurer Körper . . .

Und dann über das Feuer springen.

Solange es niedrig ist, braucht man nicht viel Mut und Überwindung. Wenn aber die Flammen etwas höher züngeln, dann ist es schon schwieriger.

Du nimmst einen Anlauf und springst durch das Feuer. Keine Angst, es passiert nichts. Wenn du über beziehungsweise im Feuer bist, machst du die Augen zu. Du durchspringst eine Wärmewand, die du nur ganz kurz spürst. Es tut nicht weh. Aber es ist ein spannendes Erlebnis, durch das Feuer zu springen. Anschließend setzt ihr euch wieder ruhig hin und erzählt Geschichten. Am Feuer einzuschlafen, ist der Höhepunkt.

Regentage

Regentage habt ihr schon erlebt. Die Welt sieht nach einem langen Regen ganz anders aus. Die Bäume, die Sträucher, der Wald – alles hat sich verändert. Auch die Stimmung der Menschen.

Spielt mal mit der Regentag-Stimmung. Es gibt Wörter, die dabei helfen können:

klamm
vollgesogen
modrig
triefend
knatschig
neblig
sprudeln
sickern

gluckern
Schwaden
unterspülen
fettgrün
sumpfig
trist
endlos

FEUER UND WASSER

Am besten, ihr geht nach einem längeren Regen aufmerksam hinaus in die Felder, auf die Wiesen, in den Wald oder durch den Park. Und nun seht ihr euch genau um, welcher Begriff wozu paßt oder ob ihr noch ganz neue Wortschöpfungen machen müßt.

Und dann schreibt ihr ein Regentaggedicht.

Aus euren gemeinsamen Gedichten könnt ihr ein kleines Bändchen machen: »Regengedichte«.

Spielvorschlag am See

Du bist an einem See. Vielleicht mit einer Gruppe, zum Baden, Zelten oder einfach so.

Dann mach doch mal das Spiel mit den Steinen! Der See muß allerdings ruhig sein. Es sollte kein Wind gehen.

Und nun suchst du glatte und möglichst flache Kieselsteine. Manchmal stecken sie in der Erde und zeigen nur ihren hellen Rand. Rausgraben und im See waschen.

Nun stehst du am Ufer und hast ein Häufchen Kieselsteine neben dir liegen. Nimm einen mittelgroßen Stein und beug dich zurück. Hol aus – und schleudere den Stein flach über die Wasseroberfläche. Du wirst sehen, erst weit draußen berührt der Kiesel das Wasser. Er springt wieder ab, berührt das Wasser, springt ab, berührt das Wasser, springt, berührt, springt – und versinkt.

Du wirfst nun so lange Steine, bis die Aufsprünge, die Zwischenlandungen nicht mehr zu zählen sind.

Wenn der See nicht allzu groß ist, dann springt dein Stein bis zum anderen Ufer hinüber.

Übrigens breiten sich Wellen aus bei jedem Sprung, den der Stein auf dem Wasser macht. Du kannst Wellenkreise, Bahnen von Wellenkreisen über den See ziehen.

Irgendwann schmerzt dich dein Arm. Das ist ganz normal. Dann hörst du halt auf.

Ganz nah gehst du an das Wasser heran und betrachtest dein Spiegelbild: Jawohl! Das bist du! Der Springsteinwerfer vom Baggersee!

Harzige Spiele – Spiele mit Harz

Harz – das gehört zum Wald, zur Rinde. Harz ist ein kostbarer Stoff.

Wenn Nadelbäume Verletzungen haben, läuft Harz heraus.

Harz ist klar und durchsichtig, solange es noch frisch ist. Und es duftet.

Später wird Harz milchig weiß, schließlich gelblich und verkrustet. An den Fingern klebt Harz, und aus den Kleidern bekommt man es kaum mehr heraus.

Früher haben die Waldarbeiter und Bauern in ärmeren Gegenden heimlich bei Nacht die Tannen aufgeschlitzt und das Harz in Behältern aufgefangen und erhitzt. In abgelegenen Waldhütten wurde das Harz dann zu Pech verarbeitet und anschließend auf den Märkten der Städte verkauft. Die bittere Not ließ den Leuten keine andere Wahl.

Aus Harz kann man herrliche Pechfackeln machen.

Such einen Baum aus, der stark harzt – natürlich schneidest du keinen Baum deshalb an! Nimm jetzt einen schlanken dürren Ast und bestreiche ihn zu einem Drittel mit Harz.

Und jetzt umwickelst du ihn mit dürrem Gras. Mehrere Schichten aufeinander. Harz und Gras. Gras und Harz. Fest wickeln und dicht einstreichen. Jetzt hast du eine Pechfackel, die lange brennt.

Vorsicht, die Fackel qualmt ziemlich.

Vielleicht habt ihr ein schönes Waldfest gemacht. Oder ihr habt den Nachmittag an einer Grillstelle verbracht. Dann macht doch einen schönen Fackelzug aus dem Wald! Dabei haltet ihr eure Fackeln ruhig.

Erst wenn ihr aus dem Wald heraustretet, der inzwischen dunkel hinter euch steht, und die offene Wiese mit silbernem Bodennebel vor euch schimmert, schwenkt ihr die Fackeln zur Seite, nach vorn und hinten. Das gibt herrliche Lichtgirlanden!

FEUER UND WASSER

MOOS UND GRAS

Graszeit – Steinzeit
Binden – flechten – verändern

Graszeit ist Steinzeit.
Gräser kann man flechten, weben, binden, knüpfen. Grasmatten und Körbchen lassen sich herstellen.
Wie in der Steinzeit. Die Steinzeitmenschen waren die ersten Graskulturmenschen. Natürlich sind die Spuren ihrer Grasarbeiten längst verlorengegangen. Nur die Steinspuren blieben übrig.

Geh im Sommer weit hinaus in die Wiese. Am besten ist eine Waldwiese. Dort wachsen zähe und lange Gräser. Reiß einen Halm ab und betrachte ihn. Langsam ziehst du ihn durch die Finger und spürst seine Beschaffenheit. Aber vorsichtig, du kannst dich an dem Halm schneiden. Wickle den Halm um den Finger. Binde zwei Finger zusammen und versuche, sie wieder zu lösen. Du spürst, wie fest die Halme halten.
Reiß wieder einen Halm ab, verknote ihn mit dem ersten Halm. Zieh daran – reißt der Knoten?
Und jetzt beginnst du mit drei Halmen zu flechten. Zuerst eine Kordel aus drei Halmen. Dann aus drei Kordeln einen kleinen Grasstrick. Was der aushält, kannst du mit einem schweren Stein ausprobieren.
Dann legst du etwa gleich dicke Halme nebeneinander und beginnst mit weiteren Halmen zu weben. Immer auf

und ab. Dabei die Halme mit einem Stück Holz beschweren, daß sie nicht verrutschen. Nach einiger Zeit hast du eine schöne Grasmatte, eine kleine Grasdecke gewoben. Mit mehreren Grasmatten kannst du ein kleines Südseedorf bauen, ein Indianerdorf irgendwo an einer abgelegenen Stelle. Dein Geheimnis.

Und damit im Dorf kein Dämon sein Unwesen treibt und wer weiß welchen bösen Schadzauber verübt, bastelst du aus Gras einen Dorfschamanen, einen Graspriester, einen Medizinmann. Den stellst du mitten im Dorf auf.

Aus Rindenstücken machst du eine Trommel, die du mit großen Blättern bespannst. Als Spannschnüre verwendest du natürlich Gras!

Dein Indianerdorf besuchst du immer wieder.

Es werden sich gelegentlich auch Gäste einstellen . . .

Gras wachsen sehen

Man kann das Gras wachsen sehen. Manche hören ja bekanntlich das Gras wachsen. Du willst es sehen! Ob Wiese oder Waldrand, es geht überall. Nur muß es ein schönes Grasgelände sein. Lege etwa zehn größere Steinplatten oder Steinblöcke aus. Versuch dabei, gleichmäßige Abstände einzuhalten.

Die Steinplatten werden nun in verschiedenen zeitlichen Abständen weitergewälzt:

Stein 1 nach fünf Tagen
Stein 2 nach zehn Tagen
Stein 3 nach fünfzehn Tagen
Stein 4 nach zwanzig Tagen

Auf diese Weise werden die verschiedenen Erstickungszustände von Gras sichtbar gemacht. Zudem kann man beobachten, wie sich die einzelnen Grasflecken wieder erholen.

Überlegt, warum das Gras unter den Steinplatten abstirbt, was ihm fehlt!

Wie lange braucht bleiches Gras, bis es wieder grün wird? Eindrucksvoll wird die Bedeutung des Lichtes gezeigt.

Die Grasnarben unter deinen Steinen können sich wieder erholen. Wenn auch langsam. Aber wie ist es mit den viel größeren und endgültigen »Umweltsteinen« – den Autobahnen, Straßen, Brücken, großen Gebäuden?

Spielvorschlag zum reifen Maisfeld

Ihr seid draußen in den Feldern und spielt Suchen am Rand des Maisfeldes.

Verschwinde im Maisfeld! Dring tief ein! Komm nicht mehr heraus. Auch dann nicht, wenn sie nach dir rufen und sagen, das Spiel sei aus und sie würden gehen.

Du bleibst tief drin im Mais. Dämmergrün ist es hier. Urwalddunkelgrün.

Jetzt brichst du einen reifen Maiskolben ab und schälst ihn. Die weichen Fruchthaare hängst du dir unter die Nase. Vier große Maiskörner steckst du dir zwischen die Eckzähne. Und zwei längliche Maisblätter werden mit einem Gummi hinter die Ohren geklemmt. Sie stehen nach oben ab.

So bewegst du dich langsam aus dem Maisfeld heraus. Natürlich auf allen vieren.

Es sollte dämmern, wenn du am Rand des Feldes angekommen bist und deine langgezogenen Töne heulst. Du darfst dabei aber nicht den Mund öffnen, sonst fallen deine Raubtierzähne heraus.

Was glaubst du, was da los ist, wenn dich deine Spielkameraden sehen. Wie die Blitze schießen sie hinter die dikken Obstbäume und suchen Schutz vor dem gräßlichen Tier . . .

51

MOOS UND GRAS

Mooswelt – Beobachtungsfeld

Moos – das hat nicht unbedingt mit Osternestchen zu tun oder mit einer putzigen Zwergenwelt. Eine Moosfläche kann eine Mooswelt sein. Ein Beobachtungsfeld.

Geh an einem heißen Sommertag hinaus in den Wald – zu der großen Moosstelle. Du nimmst einen Kassettenrekorder mit und auch Schreibzeug. Forscherarbeiten hast du vor. Vielleicht hast du sogar einen Fotoapparat dabei. Wähle jetzt ein Stück Moos aus. So groß wie eine Handfläche. Das reicht. Und jetzt wird genau beobachtet und erforscht. Alles, was sich ereignet, wird aufgeschrieben oder sonstwie festgehalten. Und es wird sich allerhand ereignen:

Goldgrün gepanzerter, unbekannter Käfer läuft in das Beobachtungsfeld. Sonderbarerweise hat er nur fünf Beinchen – was ist da los? Er hinkt rechts hinten. Vielleicht hat er bei einem Kampf ein Bein verloren. Oder er geriet bei einem starken Regen zwischen zwei Steine.

In dem Moment treibt der Wind ein trockenes Buchenblatt auf das Moosfeld. Der Blattstiel verhakt sich in einem Moosbäumchen. Das Blatt kann nicht weiterfliegen und bewegt sich jetzt wie ein Baum bei Sturm.

Und jetzt kommt überraschend eine Spinne mit gelben Beinen auf das Feld gestakst. Sie trägt ein weißes Ei unter dem Leib. Sie bleibt an dem Blatt hängen und zerrt.

Zwei kleine Moosbäumchen wackeln ohne ersichtlichen Grund. Darunter muß was los sein!

Schwarze Riesenameise mit ausgehöhltem Bienenhinterleib läuft seitwärts über das Feld. Sie klettert mit der

52

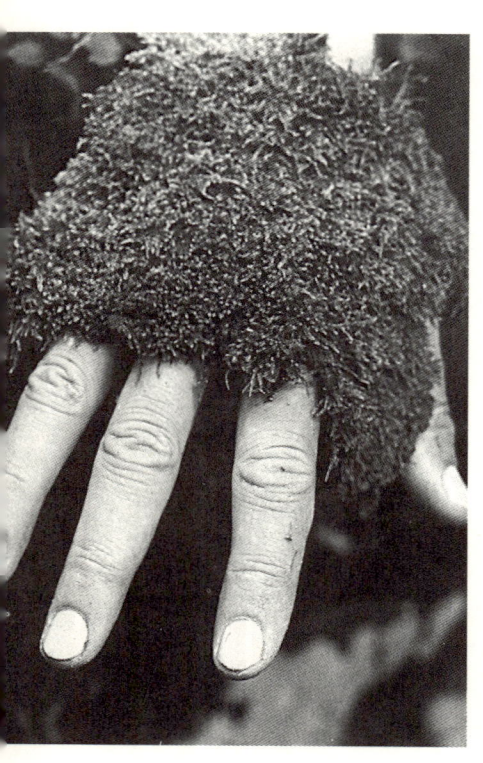

schweren Last die Bäumchen rauf und runter. Sie weiß genau, wo sie hin will! Während der Beobachtungszeit zeigt sie keine Spur von Ermüdung. Wie lange sie wohl noch schleppen muß? Dreißig Sekunden hat sie für das Feld gebraucht. Murmelgroßer schwarzer Käfer (sehr rund!) torkelt auf das Beobachtungsfeld. Er stellt sich blöd an – denn er bleibt an einem Ästchen hängen und fällt auf den Rücken. Mit seinen stacheligen Beinchen strampelt er hilflos in der Luft herum. Und jetzt landet eine dicke Brummhummel. Sie streicht mit den Hinterbeinchen die durchsichtigen Flügel glatt und startet wieder. Dabei reißt sie das dürre Blatt aus der Verankerung. Es fällt um. Das nützt der schwarze Käfer aus. Er bekommt den Rand des Blattes zu fassen und kann sich wieder aufrichten. Glück gehabt! Zwischen den beiden verdächtig wackelnden Moosbäumchen kriecht ein pummeliges gelbes Ding heraus. Was ist denn das? Das ist kein Käfer. Aber auch kein Wurm. Und schon gar keine Schnecke. Vielleicht eine Raupe. Da, wo bei anderen Tieren der Hals ist, hat das Ding eine fast durchsichtige Haut, kunstvoll, wie blaues Glas. Mal sehen! Es riecht angenehm nach Erde. Das Ding kann die Schnauze oder das Maul oder was das ist drehen, und zwar rundherum, erstaunlich! Dabei hat es keine Augen. Man kann jedenfalls keine erkennen.

Dann macht ihr das Moos-Berührungs-Spiel.

Ihr zieht Schuhe und Strümpfe aus, geht langsam auf dem Moos ein Stück in den Wald hinein. Und dann könnt ihr euch hinsetzen oder hinlegen und Moosfladen auf die Beine oder auf die Hände breiten. Ganz still liegen. Ihr werdet sehen, das ist ein neues Berührungsgefühl!

Natur-Collagen

Materialbilder – das sind Bilder, die aus verschiedenen Materialien zusammengefügt sind. Collagen.
Sammelt Naturmaterialien: Schneckenhäuser, Gräser, Früchte, Steinchen, Rinde, Pilze und was es sonst noch alles gibt. Dann macht doch mal Jahreszeit-Natur-Collagen.
Ihr sammelt die verschiedenen Materialien auf
einem Frühlingsbrett
einem Sommerbrett
einem Herbstbrett (das wird vermutlich besonders voll!)
einem Winterbrett.
Und dann macht ihr Materialbilder: ein Frühlingsbild, ein Sommerbild, ein Herbstbild, ein Winterbild.
Und dann Titel dazu erfinden!

- Tragekissen für Gänseblümchen
- Beobachtungsstation für Vogelnester
- Wolkendrachen im Kampf mit dem großen Lurch
- Grasharfe (mit den Schuhen der abwesenden Harfenistin)
- Federlinien
- Waldstück nach der Landung des berüchtigten Guricht
- . . .
- . . .

SCHNEE-SPIELE

Spuren im Schnee

Der frisch gefallene Schnee reizt. Ihr seid aufgeregt, und auch Erwachsene fühlen eine seltsame Spannung.

Jetzt sollte man raus und Spuren-Spiele machen. Ein Spieler geht voraus und macht ungewöhnliche Spuren: Er hüpft auf einem Bein, er springt im Grätschsprung, er macht Kehrtwendungen oder läuft rückwärts.

Der Spurenmacher ist schon weit voraus. Die anderen Spuren-Spieler folgen und »lesen« aus den Spuren die Bewegungen, die der Voraus-Spieler gemacht hat. Nun versuchen sie, diese Bewegungen nachzuspielen, wobei das möglichst einheitlich passieren sollte. Auf diese Weise entsteht eine Gruppenbewegung, die für die Mitspieler und für Zuschauer gleichermaßen lustig ist.

Andere Spielmöglichkeit: Mit einfachen Gegenständen (Spazierstock, Handschuh, Stiefel usw.) Spuren erfinden. Die Spuren »lesen« und das dazugehörige Wesen (er-)finden!

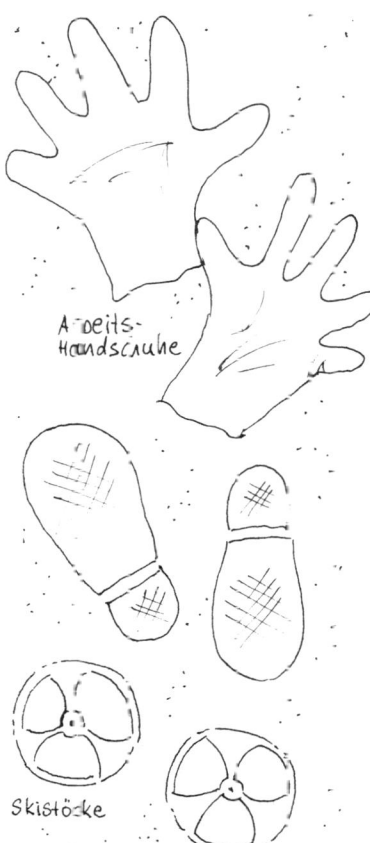

Arbeits-Handschuhe

Skistöcke

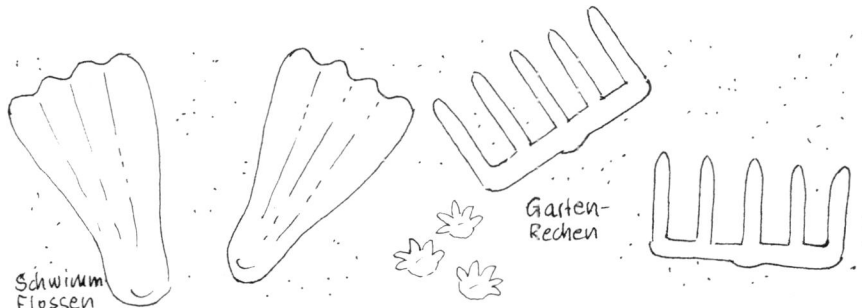

Schwimm-Flossen

Garten-Rechen

Engel machen

Die Spieler legen sich in den Schnee und machen mit den Armen fächerförmige Bewegungen.
Sie stehen auf: Im Schnee bleibt ein Engel zurück.

Figuren im Schnee

Die Spieler wählen eine große Schneefläche aus und »gehen« Figuren. Sie stellen sich ein bestimmtes Tier vor und gehen den Umriß dieses Tieres. Es bleibt als Schneezeichnung auf der Fläche zurück.
Jeder macht eine Figur, ein Tier und läßt raten: Was ist das?

Namen schreiben

Im frisch gefallenen Schnee kann man riesengroß seinen Namen schreiben. Man kann auch den Namen eines anderen aus der Gruppe schreiben und kleine Zusätze oder Bemerkungen.
Auf diese Weise kann man eine ganze Wiese schmücken, einen Waldrand oder ein Feld, draußen vor der Stadt.
Man kann an einem Nachmittag einen Schnee-Tiere-Zoo herstellen.

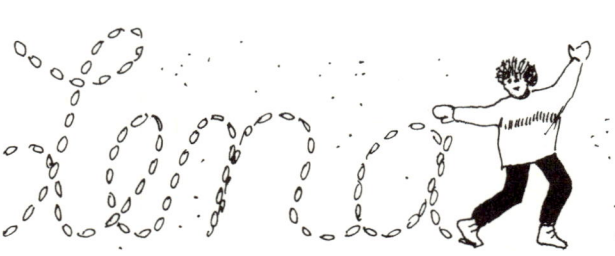

Schneelawinen

Wenn der Schnee frisch gefallen ist, läßt er sich noch gut zu Kugeln formen.

Ihr geht hinaus an einen schönen Hang. Dort stellt ihr etwa gleichgroße Schneekugeln her. Sie sollten einen Durchmesser von ungefähr einem Meter haben!

Nun werden die Schneekugeln oben am Hang in einer Reihe nebeneinander aufgestellt. Ein Unparteiischer gibt ein Signal – und die Kugeln werden den Hang hinunter gerollt.

Bewertet wird der Weg, den die Schneekugel zurückgelegt hat, und die Größe, die sie nach der Lawinenfahrt hat.

Zum Schluß macht man aus allen Kugeln ein gemeinsames Feld, ein urzeitliches Gräberfeld, ein verlassenes Iglu-Dorf, einen »Schneemenschenplatz« . . .

Ihr könnt einen Namen für die Landschaft erfinden und in den Schnee schreiben . . .

Schneeplastiken machen –
Winter-Michelangelo ermitteln

Michelangelo war der berühmteste italienische Bildhauer. Er schuf Kunstwerke aus weißem Marmor. Ihr macht das aus Schnee.
Die Spieler teilen sich in zwei Gruppen auf.
Eine Gruppe geht voraus und formt aus Schnee Tiere. Die Spieler versuchen, solche Tiere zu formen, die besonders typische und einfache Formen und Merkmale haben (z. B. Igel).
Dabei können sich die Spieler die Sache auch dadurch erleichtern, daß sie die Tiere so aufstellen, daß durch die Umgebung eine Hilfestellung gegeben wird (Maulwurfshügel, Fuchsloch usw.).
Nach der vereinbarten Zeit kommen die anderen. Sie raten, rätseln, bestimmen.
Dann wird gewechselt. Die »formende« Gruppe muß jetzt warten und danach raten.
Der Spieler, dessen Figuren am häufigsten erkannt wurden, bekommt den Titel »Winter-Michelangelo«!

Ein Suchbild machen

Es hat frisch geschneit. Die Spieler suchen ein Stück Wald oder Feld (Streuobstwiese) auf und verständigen sich auf ein bestimmtes Quartier, das etwa die Abmessung 10×10 Meter hat. Innerhalb dieses Gebietes sollten Sträucher und Bäume stehen.
Nun betrachten die Spieler dieses verschneite Feld mög-

lichst genau. Sie versuchen, sich das ganze »Bild« gründlich einzuprägen.

Jetzt entfernt sich eine Gruppe für ein paar Minuten. Während dieser Zeit »greifen« die zurückbleibenden Spieler ein: Sie verteilen unauffällig den Neuschnee an Stellen, wo er gar nicht gefallen sein kann, zum Beispiel auf den Baumstämmen im Windschatten, an wind- und schneegeschützten Stellen, unter Vorsprüngen . . .

Nun kommt die erste Gruppe zurück und betrachtet das »Bild«: Was hat sich verändert? Anschließend macht sich die aktive Gruppe auf und entfernt sich für kurze Zeit, und die zweite Gruppe verändert das »Bild«.

Eislandschaften

An besonders kalten Tagen könnt ihr eine Kristall-Landschaft machen: nachts verschiedene Gefäße rausstellen, Zylinder, Säulen, Pyramidenformen usw. Am nächsten Tag alles mit Wasser abspritzen. Sprühen und stäuben! Es entstehen feine Verbindungen, Netze und Gespinste.

Draußen in der Landschaft: Gräser, Gebüsche, Weiden, Blätter, dürres Material – mit Wasser besprühen.

Die reinste Märchenlandschaft entsteht! In der Sonne leuchtet sie durchsichtig und seidenzart. Ein Feenreich.

Schön ist es auch, wenn einzelne Spieler eigene Eiskunstwerke machen, die dann während eines Frost-Festes zu einer Landschaft oder zu einer Froststadt zusammengesetzt werden.

Vielleicht gelingt es einem Spieler, zu dem Fest noch eine Eisharfe zu bauen!

HIMMEL, HORIZONT UND WIND

Wind

Oktober.
Hoch droben zerren die Drachen an den Schnüren.
Wasserfarbenflecken am Herbsthimmel.
Dein Drachen ist über dir. Du hast die ganze Schnur ver-
braucht und den Pflock mit dem angeknoteten Schnur-
ende in die Wiese gesteckt.
Du hast jetzt nichts zu tun.
Spiel mit dem Wind!
Der Herbstwind ist stark, du kannst dich gegen den Wind
lehnen. Breite die Arme aus und spreize die Finger ab wie
Flügel oder Flossen!
Schräg und weit kannst du dich nach vorn lehnen in den
Wind.
Du fällst nicht um.
Der Wind hält dich.
Du hältst dich im Wind.
Vielleicht hast du eine Jacke an? Mach sie auf, pack sie an
den unteren Zipfeln und spann sie aus!
Ein Segel bist du im Wind. Ein Windschiff.
Und jetzt läßt du dein Windschiff treiben über die abge-
mähte Wiese.
Am Waldrand schreien Krähen.
Blätter wirbeln neben dir auf.
Und hoch über dir reißen blaue Drachen an den Schnüren.
Du spürst, du bist da.

Windharfe

Hast du schon die neue LP »WIND«, die die Gruppe ÄOL abgemischt hat? Nicht?
Also schnellstens machen!
Du brauchst:
1. ein Kistchen, nicht zu klein
2. Draht verschiedener Stärke und Schnur
3. Befestigungsschrauben
4. dein Zeichen (Kleber, Stempel, Siegel . . .)

Das Kistchen sollte auf allen Seiten geschlossen sein. Und es sollte möglichst wenig Ritzen und Löcher aufweisen. Notfalls mußt du eben an den Schwachstellen Brettchen festnageln.
So. Und jetzt sägst du in die Mitte ein schönes großes Loch. Das ist das Klangloch.
Darüber spannst du die Drähte und Schnüre. Einfach oben eine Reihe Schrauben anbringen und gegenüber auch. Die Drähte mit einer Schlinge einhängen, spannen und gut befestigen. Wenn du echte Saiten hast (Geige oder Mandoline – Cello geht auch) ist das natürlich noch besser.
Die Windharfensaiten verschieden anspannen. Nicht zu gleichmäßig, sonst wird der Sound zu lasch.
Wenn du aufgespannt hast, dann fühl mal! Streich mit dem Daumen ganz leicht über die Saiten – am besten über dem Klangloch. Höre, h o r c h! Ah – welch ein Klang.
Jetzt bringst du die Windharfe draußen an. Irgendwo. An einem Baum, an deinem Fenster, am Schornstein, über der

Haustüre – wo du willst. Dann schmückst du die Windharfe mit deinem Zeichen und machst gleichzeitig das bekannte Schild »Studio – Achtung, Aufnahme – bitte äußerste Ruhe!« fest.

Freu dich auf den Wind. Hoffe auf Sturm!
Wenn es dann soweit ist – vielleicht steht gerade ein Gewitter am Himmel – oder, was auch leicht sein kann, es ist wieder mal Föhn im Anzug – dann bist du mit dem Kassettenrekorder bei deiner Windharfe. Halte das Mikro ganz nahe ran, sssmmmmhhh, fffchmmmhhh, iiihhhöööh, äääoooohhhlll . . .
Das fertige Band spielst du deinen Freunden vor. Laß sie ruhig ein Weilchen raten – ob sie die Gruppe ÄOL wohl rauskriegen?

Wetterregeln – Stimmungsregeln

Es gibt bekanntlich »Bauernregeln« – Wettervoraussagen, die auf jahrhundertelanger Erfahrung beruhen: »Januar warm – daß Gott erbarm!« »Sonnt sich die Katze im Februar – friert sie im März trotz Pelz und Haar!« »Zu nasser Mai macht viel Geschrei und wenig Heu!«, und so weiter.
Um über das Wetter Regeln aufstellen zu können, muß man viel Erfahrung mit dem Wetter gemacht haben. Vom Wetter hing für die Bauern sehr viel ab. Gutes und ausgewogenes Wetter bedeutete gute Ernte und damit Nahrung und Leben. Schlechtes Wetter, das konnte Hunger, Unglück, Katastrophe bedeuten.

Auch wir können Regeln aufstellen, – wenn wir zum Beispiel das »Wetter« auf den Gesichtern unserer Mitmenschen beobachten und den Zusammenhang herstellen zwischen »Wetterlage«, also Stimmung und Verhalten. Das ist ja im Alltag ziemlich wichtig. Jeder hat mit einer Anzahl Mitmenschen zu tun, die den Alltag mitbestimmen:

– Vater und Mutter
– Verwandte
– Geschwister
– Lehrer
– Hausmeister
– Freund/Freundin
– Busfahrer/Schaffner
– . . .

Macht doch auch mal »Wetter-Regeln« oder »Stimmungsregeln« – Erfahrungen habt ihr ja sicherlich schon genug gemacht:

Lächelt Maier nicht am Morgen
bringt sein Unterricht uns Sorgen . . .

Hängt Ottos Mütze schief am Kopf
ist ungenießbar er, der arme Tropf . . .

Also: Leute beobachten, Regelmäßigkeiten feststellen und dann »Stimmungsregeln« machen. Viel Spaß!

HIMMEL, HORIZONT
UND WIND

KÖRPERSPIELE

Mit Zunge, Fingern und Händen

Bau aus deinen Händen eine Höhle.
Die Daumen werden dabei aneinandergepreßt und leicht
angewinkelt. Ein kleiner Luftschlitz muß frei bleiben. An-
sonsten darf das Gehäuse keine Öffnung mehr aufweisen.
Jetzt bläst du langsam und gleichmäßig in den Luftschlitz
zwischen den Daumen. Das gibt einen dunklen UHU-
Laut. Ein Wildtaubengurren, ein Waldgetön, einen grau-
sigen Kauz-Ruf.
Wenn es gut funktioniert, dann geht ihr zu viert oder fünft
an den Waldrand und beginnt ein klagendes Heulen.
Lange Pausen machen zwischen den einzelnen Lockrufen!
Wenn sich im Wald nichts tut, müßt ihr den Ton ändern.
Höher klagen, vielleicht auch langgezogener.
Dann, auf einmal bekommt ihr Antwort. Irgendwo im
Wald klagt es zurück. Diesen Ton müßt ihr jetzt genau
nachzuahmen versuchen. Ihr könnt das dadurch erreichen,
daß ihr den Hohlraum der Hände enger oder weiter
macht. Je enger der Hohlraum, desto höher der klagende
Laut.
Aber Vorsicht, nicht übertreiben, sonst antwortet der
echte Kauz nicht mehr und alle Mühen, ihn wieder zu ver-
söhnen, sind umsonst.

Du kannst im Frühjahr knallen im Wald, laut wie Pisto-
lenschüsse. Was du dazu brauchst, ist vorhanden.

Deine linke Hand formst du zu einem Rohr. Auf die obere Öffnung legst du ein frisches Buchenblatt. Es muß möglichst glatt aufliegen und darf nicht zu klein sein.
So, und jetzt holst du aus und haust mit der flachen Rechten drauf. Ein Knall erfolgt, wie ein Kanonenschlag.
Wenn ihr eine Gruppe seid, könnt ihr Serien von Knallgeräuschen machen. Einer fängt an und dann geht es weiter. Knallen, Auflegen, Knallen, Auflegen . . . Von weitem könnte man meinen, ein Feuerwerk würde stattfinden.

Aus deiner Zunge kannst du eine Rinne formen. Schieb sie weit heraus und atme kräftig ein. Und jetzt stößt du rasch einen Luftstrom aus: Das gibt einen ausgezeichneten Schiedsrichterpfiff!

Bau aus deinen Händen einen dichten Hohlraum. Prüf nach, kein Lichtstrahl darf hineindringen.
Jetzt füll den Hohlraum mit Wasser. Und nun läßt du einen winzigen Spalt offen. Drück rasch die Hände zusammen – aber erst, wenn dein Freund interessiert zusieht. Du hast jetzt eine Wasserpistole. Dein Freund wird es merken.

Aus Zeigefinger und Daumen kannst du einen Ring formen. Steck ihn unter die Zunge. Und jetzt stoß einen Luftstrom aus, das wird ein scharfer Pfiff!

Zwischen die fest aneinandergepreßten und ausgestreckten Daumen legst du einen Grashalm. Breit und glatt ausgespannt muß er sein.

Jetzt kurz und stoßweise an die Schmalseite des Halmes blasen. Das wird ein seltsamer Lockruf, ein seltener Vogellaut.

Und jetzt setzt ihr euch im Wald an verschiedenen Stellen auf Baumstümpfe und probiert Lockrufe aus. Mal höher, mal tiefer. Mal langgezogen, mal kurz hämmernd.

Vielleicht meldet sich irgendein Tier, ein Auerhahn, ein Mäusebussard . . .

Wenn sich kein Tier angesprochen fühlt, ist das auch nicht weiter schlimm. Ihr antwortet euch jetzt selbst. Dazu müßt ihr euch etwa auf einem Quadratkilometer in unübersichtlichem Gelände verteilen. Und nun beginnt das Balzen und Werben. Jeder versucht, auf die wahrgenommenen Laute einzugehen. Ein richtiges kleines Balzkonzert entsteht.

Leute, die zufällig in der Gegend sind, werden sagen: »Das ist aber ein vogelreicher Wald, und so nah bei der Stadt! Ja, ja, wir haben einen sehr aktiven Vogelschutzbund . . .«

Du hast sicher irgendwo einen Taschenkamm. Den umwickelst du mit dünnem Zellophanpapier. Und jetzt hältst du ihn so vor den Mund, daß er die Lippen leicht berührt. Ja nicht dagegen pressen, sonst funktioniert es nicht. Summ eine Melodie, traurig oder lustig. Du wirst dich wundern, ein ganzes Orchester spielt mit. Herrliche Geigen und Saxophone sind dabei.

Körpersprache

Die Menschen drücken ihre innere Stimmung, ihre Gefühle durch ihre Haltung aus. Körpersprache ist das. Man kann »gedrückt« wirken oder auch »aufgedreht«. Manche Menschen »verschließen« sich, wenn sie unsicher sind.
Körpersprache ist wichtig. Sie befreit und ist zugleich ein wichtiges Signal für die Mitmenschen. Wer körpersprachlich zeigt, daß es ihm/ihr jetzt gerade nicht so gut geht, der kann durchaus mit Rücksicht rechnen. Gelegentlich sogar mit einfühlendem Verständnis.
Man kann sich die Körpersprache bewußt machen, mit ihr umgehen. Natürlich kann man auch damit schauspielern, aber das ist jetzt nicht gemeint.
Zunächst ist es wichtig, daß man sich über seine Gefühle einigermaßen Klarheit verschafft. Sich selbst wahrnehmen. Damit fängt man an.
Wie ist meine Stimmung? Welche Gefühle machen sich bemerkbar? Und dann lernen, ehrlich zu sein. Gefühle zulassen, wenn sie kommen, wenn sie nach Ausdruck verlangen. Gib mal auf deine Gefühle und Stimmungen acht.
Du kommst nach Hause und stellst fest, daß es deine Leibspeise gibt, sagen wir Pfitzauf mit Erdbeerkompott. Oder ein lieber, unerwarteter Besuch ist angekommen. Oder das Taschengeld wurde drastisch erhöht.
Es durchströmt dich ein angenehmes Gefühl, will nach oben, wie eine Flamme, ein Freudenfeuer. Zeig das doch! Drück das durch Körpersprache aus. Vielleicht hast du zufällig was in der Hand, einen Handschuh, eine Blume, eine Brezel. Das kannst du mit einbeziehen.

Und wenn du niedergeschlagen bist, weil dir wieder mal alles mißlingt, dann zeig das doch auch! Die Bewegung geht jetzt nach unten. Es ist dir ja schwer ums Herz. Laß deinen Körper sprechen . . .

Spielvorschlag mit Handlesen

Linien in der Hand – Zukunftslinien, Schicksale. Mach das Tor zur Zukunft auf: Dreh die Hand deines Freundes, deiner Freundin um und betrachte die Handfläche genau! Du siehst Hauptlinien, Kreuzungen, Nebenlinien. Du siehst Anfänge von Linien und Stellen, wo die Linien enden. Verdichtungen und Verästelungen. Eine Hand ist eine spannende Landschaft, eine Haut-Landschaft.
Die winzigen Rippen und Rillen, die sich über die ganze Hand und bis in die Fingerkuppen ziehen, das sind die Fingerabdruckrillen. Die hast du mit keinem gemeinsam. Dein Ureigenstes ist das, darin bist du unverwechselbar. Damit bist du identifizierbar.
Mach nun das Deutungsspiel!
Die große Linie um den Handballen herum, das wäre die Lebenslinie. Die in der Handmitte ansetzende, quer über die Handfläche laufende Linie, das ist die Gefühlslinie, manche sagen auch, das sei die Heiratslinie. Die darüberliegende schräge Linie, das wäre die Berufs- und Fortkommenslinie.
Mit dem Filzstift kann man Einteilungen auf der Lebenslinie machen: 2 Zentimeter entsprechen etwa 10 Jahren.
Lies ab, wie alt wird dein Freund, deine Freundin?
Wie oft (oder überhaupt) wird geheiratet?

Wieviele Kinder sind zu erwarten? Dazu muß man die Seitenlinie der Heiratslinie genau betrachten, notfalls auch mit dem Stift nachziehen.
Und dann bist du dran. Dein Freund deutet jetzt.
Zum Abschluß die Handflächen mit schwarzer Schuhcreme einstreichen und auf einem weißen Papier abdrukken: Dein ganzes Leben liegt vor dir. Bis in die letzten Einzelheiten ausgebreitet. Ein erhebender Moment!

Übrigens kann man genausogut mal Fußlesen. Ja ja, das ist gar nicht so abwegig. Sieh dir nur mal die Fußsohlen deines Freundes, deiner Freundin an!

Mini-Spiele

Setzt euch im Kreis. Jeder malt einen Fingernagel an. Hand auf den Rücken und raten. Zuerst den Finger und dann die Farbe. »Mittelfinger – rot!«
Wer richtig rät, darf weiterfragen.

Zwei Hände, zehn Finger. Jeder Finger ist jetzt ein Tier. Und nun die Finger zusammenstecken, aber so, daß sich die Tiere gegenseitig nichts tun (Schmetterling und Kaulquappe tun sich zum Beispiel nichts).

Unter der Tischplatte durch zwei Schraubringe eine Schnur laufen lassen. An die Schnur ist ein Stück Holz geknotet. Du hältst ein Schnurende unauffällig in der Hand. Und wenn man dich jetzt wieder mal nicht zu Wort kommen läßt, dann ziehst du einfach an der Schnur. Es pocht dann von unten an die Tischplatte. Unterirdisch, sozusagen, und ein bißchen unheimlich. Stille tritt ein, und du kannst reden!

Daumenspiel: Daumen nach oben bedeutet: auf den Baum klettern, Haus bauen, fliegen, klettern, aufwachen, sich freuen usw. Daumen angewinkelt bedeutet: sitzen bleiben, stehen bleiben, auf der Erde stehen, nachdenken, überlegen, unentschlossen sein usw. Daumen nach unten bedeutet: abgestürzt, ins Unglück gekommen, Skifahren, Bach, Regenschauer, fallen, einschlafen usw.
Und jetzt erzähl eine Daumengeschichte ohne Worte!
Oder: Du dirigierst mit deinem Daumen die Geschichte,

die dein Freund erzählt. Also: »Jakob steht auf (Daumen nach oben). Er streckt sich, dehnt sich und bleibt vor dem Bett stehen. An was ist heute zu denken? (Daumen angewinkelt). Auf dem Weg zum Bad stolpert Jakob und fällt doch tatsächlich über seinen schwarzen Hund (Daumen nach unten).« Die Geschichte kann weitergehen . . .

Auf der Wiese: Schuhe ausziehen und mit den Zehen Blumen rechen. Wer macht den schönsten Zehenstrauß? Die Hände werden dabei nicht eingesetzt! Die Blüten legt ihr in einen Teller mit Wasser – eine Blütensuppe!

Den Lehrern kann man Speise-Namen geben. Es gibt bekanntlich gute Essen, »Leibspeisen«. Und andere. »Gemüseeintopf«. »Wurstsalat«. »Schleimsuppe« . . .

Lufttiere: Einer zeichnet mit dem Finger ein Tier in die Luft. Ein anderer Spieler schreibt den Namen mit dem Finger in die Luft. Die übrigen raten. Wer richtig rät, zeichnet als nächster in die Luft. So lang macht ihr das Spiel, bis ihr einen ganzen Zoo beieinander habt!

Wasserfontäne: Alle sitzen im Kreis und blasen die Backen auf. Einer hat den Mund voll Wasser. Auszählen. So, und jetzt muß einer in die Mitte. Und der drückt Backen zusammen. Meistens kommt Luft heraus. Derjenige, der beim Drücken dann den Wasserstrahl losläßt, darf als nächstes in die Mitte.

Schattenspiele

Alles was ist, hat auch seinen Schatten – das ist eine alte
Beobachtung und Erfahrung.
Wo viel Sonne und Licht ist, da gibt es auch Schatten.
Sucht doch mal den Schatten und spielt mit ihm!
Gartentüren können interessante Schattenmuster haben.
Auch Zäune, Gerüste, Häuser, Bäume ...
Du kannst auch ein Schattenbild von dir machen, wenn
die Sonne günstig steht. Probier das doch mal aus!
Und nun kannst du dein Schattenbild festhalten: zeichnen
oder fotografieren.
Und dann machst du Schattenfiguren, lauter interessante
Erfindungen:
– der Bergsteiger
– die beleidigte Zirkusdirektorin
– der Pfarrer beim stillen Gebet
– Lehrer Lämpel
– Boris Becker beim Aufschlag
– der Mörder, der schuftige, hinter dem Baum usw.
Mit den Bildern kannst du dann auch eine Schattenge-
schichte machen – in der du alle Rollen spielst.

Wenn ihr eine Gruppe seid, dann macht doch mal »Schat-
tenfangen«! Man einigt sich auf einen bestimmten Körper-
teil, sagen wir den Kopf. Nun muß der Fänger versuchen,
den Kopf der Mitspieler auf dem Boden zu »ertappen«.
Gelingt ihm das, dann ist derjenige dran, der erwischt
wurde. Wie beim richtigen Fangen.

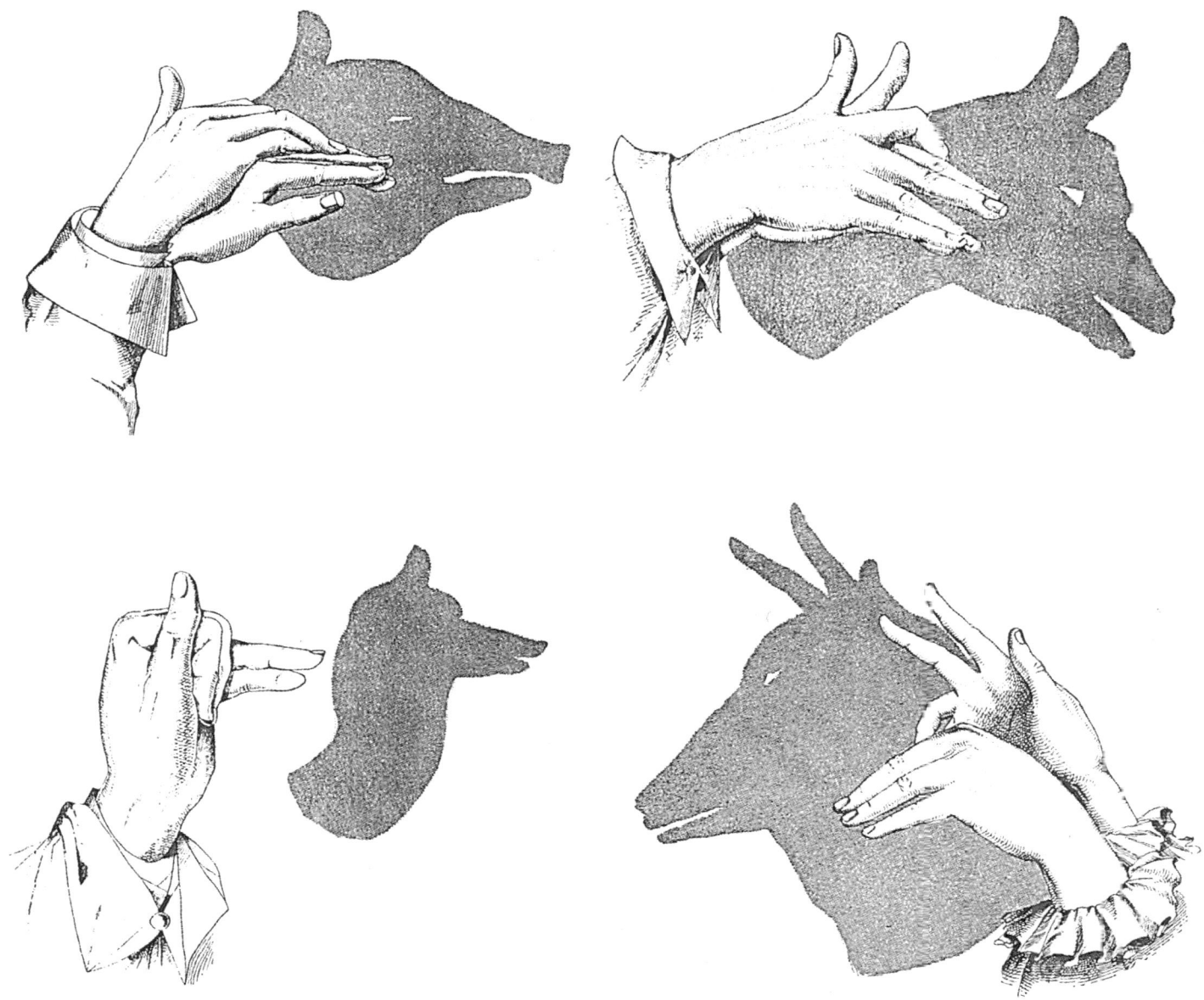

SZENEN UND AKTIONEN

Eine Seilbahn im Zimmer

Sag nicht, dein Zimmer sei zu klein.
Die Zimmerseilbahn kann man überall bauen. Und außerdem, wenn dein Zimmer wirklich sehr klein sein sollte, dann mach die Tür auf und bau die Seilbahn bis hinaus in den Flur.
Du brauchst wenig dazu. Alles läßt sich in der Wohnung finden.
Zunächst wird für die Seilbahn das Trageseil gespannt. Dazu nimmst du eine Schnur oder einen stabilen Faden oder eine Perlonschnur. Such dir eine schöne Startstelle aus. Dazu gehst du im Zimmer rum und überlegst, von wo aus du gerne starten würdest. Vom Fenster aus? Also. Du befestigst deine Seilbahn an einem Haken, einer Schraube am Fenster und ziehst die Schnur quer durch dein Zimmer und hinaus in den Flur.
Wo würdest du gerne landen? Beim Schuhschränkchen. Gut. Dann such da wieder eine Befestigungsmöglichkeit, Nagel, Schraube, Haken, irgendwas. Das Seil festbinden und gleichzeitig gut spannen.
Jetzt baust du die Gondel. Dazu verwendest du ein Körbchen oder ein Brett oder einen kleinen Eimer. Auspolstern und sichern.
Jetzt kommt der schwierigste Teil. Du mußt jetzt ein kleines Rädchen so an der Gondel befestigen, daß man diese in das Trageseil einhängen kann. Ein Legorädchen kann

man zum Beispiel mit Draht so befestigen, daß das klappt. Seilbahn ist fertig, und Gondel ist fertig. Wer darf zum Probestart einsteigen? Margarinchen, die Puppe? Oder Jussuff, der Glaselefant? Egal, jeder kommt mal dran. Einfach reinsetzen, die Gondel einhängen und – loooos!

Margarinchen schwebt über den Tisch, dann über das Spielzeugregal, rauscht zum Zimmer hinaus, am Telefon vorbei, am Badezimmer vorbei und plumpst auf das Schuhschränkchen.

Die Fahrt war toll, aber der Aufprall am Ende war etwas zu stark. Margarinchen muß einen Verband bekommen, sie hat sich verletzt. Wie kann man zum Schluß die Geschwindigkeit etwas abfangen? Ganz einfach: Du befestigst an der Gondel einen dünnen Faden; den behältst du während der Fahrt in der Hand. Du kannst jetzt die Geschwindigkeit gut steuern, ja, du kannst die Gondel unterwegs sogar anhalten, oder auch ein Stück zurückziehen!

SZENEN UND AKTIONEN

»Der gute Hirte« – Vorschläge zur spielerischen Darstellung eines bekannten Schlafzimmerbildes

Früher hing es in vielen Schlafzimmern: das Bild vom guten Hirten. Da ist ein Schäfchen, das sich verirrt hat. Es ist von der Herde weggelaufen (manchmal ist es ein schwarzes Schaf).

Es ist umhergeirrt, ist in einen Dornenbusch geraten und wird dann vom guten Hirten gesucht und geborgen.

Daraus macht ihr ein Spiel:

Zunächst sucht ihr nach einer schönen alten Schäferkleidung. Es kann ein ausgedienter Mantel sein, ein alter Hut ... Dann übt ihr die Schäferhaltung. Möglichst regungslos dastehen, mit Blick auf die Herde.

Und nun verteilt ihr die Rollen: einige übernehmen die Schafrollen – sicherlich gibt es auch ein schwarzes Schaf unter euch! (Das schwarze Schaf sollte nicht zu groß sein, weil es ja später vom Hirten auf den Arm genommen wird.)

Nun spielt ihr Hirt und Herde.

Der Hirte steht sinnend auf seinen Stab gestützt. Ab und zu sticht er in den Boden und wirft mit seiner kleinen Schäferschaufel ein Stück Erde nach einem Schaf.

Die Schafe grasen friedlich oder liegen am Boden und ruhen sich aus. Einer, der sich als Hund eignet, umrundet die Herde. Er sollte auf jeden Pfiff des Hirten reagieren. Eine schläfrige Stimmung breitet sich aus. Mückensummen und Grillenzirpen – wie man das macht, wißt ihr ja. Der Hirte ist eingenickt, und der Hund hat sich inzwischen von der Herde entfernt.

Plötzlich steht das schwarze Schaf, das verlorene Schaf, auf und rennt davon. Ihr übrigen geratet natürlich auch in Bewegung. Einige von euch haben sich schon in einiger Entfernung aufgebaut: als Dornengebüsch. Sie strecken die Arme weit vor und spreizen die Finger ab.

Und genau da hinein läuft das verlorene Schaf. Es verheddert sich. Die Dornenbuschspieler müssen das Schaf ein bißchen an den Haaren packen, mit den Fingern in die Wolle greifen.

Und nun fängt das verlorene Schaf jämmerlich an zu klagen. Es meckert und wimmert. Vielleicht ist es inzwischen sogar Nacht geworden (einige Spieler breiten schwarze Mäntel über der Szene aus).

Und jetzt kommt der gute Hirte zum Dornenbusch. Er ist weit gegangen. Müde und nachdenklich und mit Staub überzogen kommt er daher.

Das verlorene Schaf wittert ihn, und sein Klagen schlägt um in freudig erregtes Meckern.

Der gute Hirte löst das Schaf aus den Dornen und nimmt es in den Arm. Er hat ihm schon verziehen. Deshalb nennt man ihn ja den »guten Hirten«.

Und jetzt geht es zurück zur Herde.

Um diesen Heimweg interessant und aufregend zu gestalten, ist es zweckmäßig, wenn das Dornengebüsch, das ja jetzt nicht mehr gebraucht wird, sich in allerlei Hindernisse auf dem Heimweg verwandelt: schroffes Gestein und gefahrvolle Klippen, berüchtigte Hochmoore und Wüsteneien.

Die Dornenbuschspieler können sich auch aufstellen als rauchende Zelte räuberischer Nomaden, oder sie formieren sich zu einem reißenden Fluß. Natürlich ist es auch möglich, daß sie zu wilden Tieren werden, Löwen, Wölfe, Schakale . . .

Jemand übernimmt den Schrei des Aasgeiers. Oder den Hungerschrei der Hyäne.

Vorbei an all diesen Gefahren gelangt der gute Hirte schließlich heim zur Herde. Man sieht ihm die überstandenen Gefahren und Strapazen an . . .

Viele berühmte Bilder lassen sich auf diese Weise spielen:

Das Schutzengelbild

Das Abendmahl

Die Zigeunerin in der Schänke

Der röhrende Hirsch am Bach

Die Heidelandschaft mit dem einsamen Jäger

. . .

SZENEN UND AKTIONEN

Maskeraden

Fasching, Karneval, Fastnacht – das ist Verkleiden, Verändern, in eine andere Rolle schlüpfen.
An Fasching herrscht an manchen Orten »Narrenfreiheit«. Die Maske, das Kostüm »verdeckt« das Ich. Man bleibt unerkannt.
Früher wurden Masken aus Lindenholz geschnitzt, eine aufwendige und schwierige Arbeit.
Macht eine »Maskerade«, stellt eure Masken selbst her: Ihr braucht dazu Gipsbinden, Hautcreme und Wasser. Das ist alles.
So wird's gemacht: Zunächst das Gesicht eincremen, dann schmale Streifen von der Gipsbinde abschneiden und ins Wasser tauchen. Dann die Streifen in dünnen Lagen über das Gesicht legen. Alle Teile weich nachmodellieren. Die Augen zum Schauen und die Nasenlöcher zum Atmen frei lassen. Nach ein paar Minuten ist der Gips angetrocknet, und ihr könnt die Maske abnehmen.
Und jetzt bemalt ihr die Masken. Macht eine Maskerade! Eine Schulklasse, eine Jugendgruppe kann »viele Gesichter« haben . . .

Narrenfreiheit: Man sagt, Narren dürfen alles sagen. Gut, dann macht das doch mal. Setzt die Narrenkappe auf, die ihr für solche Augenblicke im Schrank hängen habt. Setzt die Narrenkappe auf und legt los. Unter der Narrenkappe ist ja alles erlaubt. Ihr könnt jetzt sagen, was euch stört, was ihr gerne geändert hättet. Ihr braucht keine Angst zu haben. Den Narren darf man ja nicht bestrafen . . .

Vollmond-Spiel

Wieder mal ein Abend, an dem ihr zu nichts Lust habt!
Alles langweilt euch.

Das ist der richtige Zeitpunkt für das Spiel mit dem Vollmond. Schaut nach, ob draußen Vollmond ist (Halbmond
oder Neumond eignen sich natürlich auch). Seht, ob der
Mond schräg hinter den Häusern heraufwächst und
glänzt. Ist das der Fall?

Gut.

Ihr zieht jetzt helle Nachthemden an. Hochgeschlossene
oder weit ausgeschnittene. Solche mit Rüschen oder fal-
tenreiche Gewänder, die sich glockenförmig bauschen,
wenn man sich rasch dreht.

So, und nun die Gesichter mit Mehl bestäuben, schön
gleichmäßig auftupfen. Auch die Hände, und, soweit nö-
tig, auch die Füße.

Jetzt geht ihr auf die Straße, in den Park, und dort spaziert
ihr langsam und feierlich im Gänsemarsch hintereinander
her. Achtet auf gleichmäßige Abstände. Nicht zu weit aus-
greifen. Ihr müßt die Schritte so einteilen, daß die Schuhe
nicht unter dem Nachthemd vorkommen.

Und achtet darauf, daß der kalte Vollmond immer hinter
euch steht (oder eben der Halbmond).

Langsam schwebt ihr zwischen den Bäumen, deren herab-
gebeugte Äste euch fast berühren. Flüsterzart spielt der
Wind in den Blättern.

Vielleicht hört man in der Ferne einen Hund heulen,
schauerlich klagend. Oder den einsamen Ruf eines verirr-
ten Wanderers.

Ab und zu stimmt ihr einen schaurigen Gesang an, den ihr allerdings vorher schon geprobt haben solltet. Ihr singt und schwebt und laßt euch durch nichts beeindrucken.
Es soll schon vorgekommen sein, daß sich ein einsamer Fußgänger plötzlich anschloß und mitschwebte ...

Der Ausflug zum Galgenberg – ein Spiel zum Erfinden von Spielregeln

Mario, Sanne und Ike machen einen Ausflug mit dem Fahrrad. Sie möchten auf den Galgenberg, fünf Kilometer außerhalb der Stadt. Dort waren sie noch nie. Menschen seien dort früher hingerichtet worden, hat Dr. Weigold im Sachunterricht gesagt.
Mario nimmt seinen zusammenklappbaren Spaten mit, Stricke und Werkzeuge. Er möchte dort graben. Vielleicht findet er Reste von einem Galgen – oder sogar einige Gehenkte aus alter Zeit?
Die drei verabreden sich auf zehn Uhr und fahren los. Am Abend möchten sie wieder zurück sein.

Bis Mario, Sanne und Ike endlich am Galgenberg ankommen, passiert Verschiedenes. Es gibt Streit, sie wissen manchmal nicht, wie sie sich entscheiden sollen ...

Ihr könnt den Ausflug auf den Galgenberg mitmachen! Wir haben die ganze Strecke fotografiert.
Stellen, an denen etwas Besonderes passiert, haben wir besonders bezeichnet. Der ganze Weg ist mit roten Punkten markiert und mit Zahlen versehen.

Insgesamt hat sich neunmal etwas ereignet, bis die drei schließlich angekommen sind.

Wenn ihr kleine Brettfiguren (Spielmännchen) habt und einen Würfel, könnt ihr die Reise als Spiel spielen.

Die Spielregeln müßt ihr euch selbst ausdenken. Allerdings gibt es eine Hauptregel: die drei Freunde, sie wollen zusammenbleiben!
Obwohl sie sich streiten und mit unvorhersehbaren Schwierigkeiten zu kämpfen haben, müßt ihr die Spielregeln für die einzelnen Felder so überlegen, daß die drei immer zusammenbleiben und sich friedlich einigen können. Manchmal ist das allerdings nicht einfach!

Ein Beispiel (Spielfeld 8): Mario hat eine Mark gefunden. Irgend jemand hat bei einem schattigen Gebüsch das Geldstück verloren. Der Betrag ist zu gering, um ihn aufs Fundamt zu bringen. Folgende Möglichkeiten bieten sich an:
a) Mario behält die Mark (weil er sie ja gefunden hat . . .)
b) das Geld wird möglichst gleich geteilt (wie und wo?)
c) die drei kaufen für das Geld etwas und teilen anschließend
d) . . .
e) . . .
Die Spielregel könnte jetzt lauten: Der Spieler, der auf Feld 8 ankommt, soll einen Vorschlag machen, wie der Fund möglichst gleichmäßig geteilt wird.
Wer beispielsweise den Vorschlag a) macht (Mario erhält

die Mark), muß mit seiner Figur an den Anfang zurück (oder dreimal aussetzen). Die Spielregel ist jeweils die beste, die für den Zusammenhalt der Gruppe die günstigste Möglichkeit bietet!

Ein Spieler, der einen solchen Vorschlag macht, darf zum Beispiel nochmals würfeln oder einige Felder weiterrücken.

Das Spiel ist dann gut gelaufen, wenn die drei Spieler möglichst gleichzeitig auf dem Galgenberg ankommen.

Hier nun die Spielfelder, bei denen ihr euch Spielregeln überlegen müßt:

Spielfeld 3: Mario hat sein Seil vergessen. Er möchte es unbedingt holen. Es entsteht ein Streit darüber, ob man das Seil notwendig braucht oder nicht. Mario behauptet, Sanne und Ike verstünden nichts von Seilen und Werkzeugen.
Wie sollen die drei sich entscheiden? Zurückfahren und das Seil holen? Ohne Seil weiterfahren? Mario zurückfahren lassen und warten?

Spielfeld 8: Mario hat bei einem Gebüsch eine Mark gefunden. Was soll damit geschehen?

Spielfeld 13: Ein Hund ohne Leine kommt ihnen entgegen. Sanne hat Angst und will sofort zurück.

Spielfeld 15: Die drei machen Pause. Sanne und Ike haben etwas zu trinken dabei. Mario hat bloß ein

Brot mit. An Getränke hat er nicht gedacht. In seinem Rucksack sind vor allem Werkzeuge, weil er ja ausgraben möchte. Allerdings hat er jetzt ziemlich Durst.

Spielfeld 18: Ein Bach muß überquert werden. Ike springt darüber. Sanne und Mario haben Angst. Bei dem Versuch, Marios Fahrrad über den Bach zu heben, platscht der Rucksack ins Wasser. Die wichtigen Werkzeuge werden triefnaß. Auch das Papier für den Plan, den Mario vom Galgenberg zeichnen wollte. Mario hat eine Sauwut. Die »blöde Sanne« sei schuld. Er will handgreiflich werden. Sanne heult. Ike ist auf der anderen Seite des Baches.

Spielfeld 21: Mitten auf einer Wiese haben sie einen Pflaumenbaum entdeckt! Mario klettert hoch und schüttelt. Während die drei im Gras sitzen und essen, kommt ein Bauer angefahren und fängt an zu schimpfen. Mario erschrickt. Der Bauer hat mich auf seinem Baum gesehen, durchfährt es ihn. Er packt sein Fahrrad und will Hals über Kopf weiterfahren.

Spielfeld 25: Eine große, noch nicht gemähte Wiese. Sie deckt den ganzen Galgenberg ab. Nirgends ein Fußweg. Wie sollen die drei weiterkommen?

Spielfeld 29: Kurz vor dem Ziel entdeckt Ike zwei kleine Igel. Sie möchte jetzt nicht weiter, sondern den Tieren zugucken. Mario ist ungeduldig, er möchte weiter, ausgraben . . .

Spielfeld 32: Mario stellt fest, daß das Graben mit seinem kleinen Spaten viel zu langsam geht. Nach einer Stunde hat er noch nicht einmal die Grasnarbe durchstochen. Er ärgert sich und möchte, daß Sanne und Ike helfen.
Die Sonne steht schon ziemlich schräg am Himmel . . .

SPUREN

Spiel mit Flurbezeichnungen

Habt ihr schon mal auf die Feld-, Wald- und Wiesenbezeichnungen geachtet? Auf die Weg-, Steg- und Straßennamen?

Noch nicht? Dann wird es eigentlich höchste Zeit. Denn diese Flurnamen und Wegbezeichnungen erzählen Geschichten. Teilweise sogar uralte Geschichten.

»Auf der Hex«. Ihr kommt bei dem Schild vorbei und überlegt: woher der Name?

Und dann tauscht ihr Vermutungen und Erklärungen aus. Es ist tatsächlich eine einsame und unwirtliche Gegend! Hier allein und bei Nacht? Nein, lieber nicht. Wahrscheinlich ist hier mal einem einsamen (vielleicht etwas ängstlichen) Fußgänger nachts eine »Hexe« begegnet. Voll Grauen kam er ins Dorf gelaufen und hat von seinem Erlebnis berichtet. Man kann sich vorstellen, wie es den Dörflern kalt den Buckel runterlief. Und sicher saß einer oder eine dabei, die an genau derselben Stelle ähnliche Erfahrungen gemacht hatte. Klar, dort ging eine »Hexe« um. Und damit war die Stelle bezeichnet. In der Flurbezeichnung steckt noch die ganze Geschichte.

»Finsterhäule« – was ist das? Wie kamen die Leute auf diese Bezeichnung?

»Teufelsmoor« – was ist hier vorgefallen?

Und warum heißt ein schmaler Fußweg hoch zum Galgenberg in Schwäbisch Hall »Blutsteigle«?

»Bettelsteigle« – wer hat hier gebettelt?
Man kann die Flurbezeichnungen aufschreiben und sammeln. Man kann einzelne Flurbezeichnungen notieren und ein Bild dazu machen. Es läßt sich ein schönes Quartettspiel herstellen, wenn ihr verschiedene Gegenden einteilt, in denen Flurbezeichnungen vorkommen: im Wald, zwischen den Feldern und Äckern, in den Wiesen und am Fluß oder See.
Jeder Flurname bekommt ein kleines Symbol – einen Galgen zum Beispiel für das Gebiet »Galgenberg«, ein dunkles Wurzelwerk für das Gebiet »Teufelsmoor« usw.
Wenn ihr vier mal vier Flurbezeichnungen habt, dann könnt ihr anfangen zu spielen.

Man kann auch einen Grusel-Stadtplan zeichnen: In einen Stadtplan werden alle Flurbezeichnungen eingetragen und mit Nummern versehen. Dann könnt ihr einen alternativen Stadtrundgang anbieten! Schön ist es, wenn euch dazu auch noch die passenden Geschichten einfallen.

Eisbilder

Kalte Blumen auf Windschutzscheiben lassen sich nur schwer wegkratzen, wenn man losfahren will im Winter. Grauweiße Pfützendecken splittern wie Spinnennetze, wenn ein Kieselstein drauffällt.
In den dicken Eisdecken auf den Seen sind Luftblasen eingeschlossen, durch die man das dunkle, kalte Wasser sehen kann, tief unten.
Das Eis, das sich über den Steinen bildet in den Bächen, hat Zapfenform, Eiszapfenform: Kirchtürme, Speere, Lanzen, Messer, Gabeln und Zinken.
Bilder aus Eis.

Brecht euch Bilder aus Eis.

Erdbilder

Zickzackbänder von Traktorreifen in frischem Lehm auf der Baustelle. Risse und Rinnen auf ausgetrockneten Wegen.
Umgepflügte Äcker wie braune Tapetenmuster.
Dörfer aus igluförmigen Maulwurfshaufen zwischen dem Klee.
Wassertropfen drücken Sterne in den Staub auf dem Feldweg.

Formt mit den Händen Bilder aus Erde.

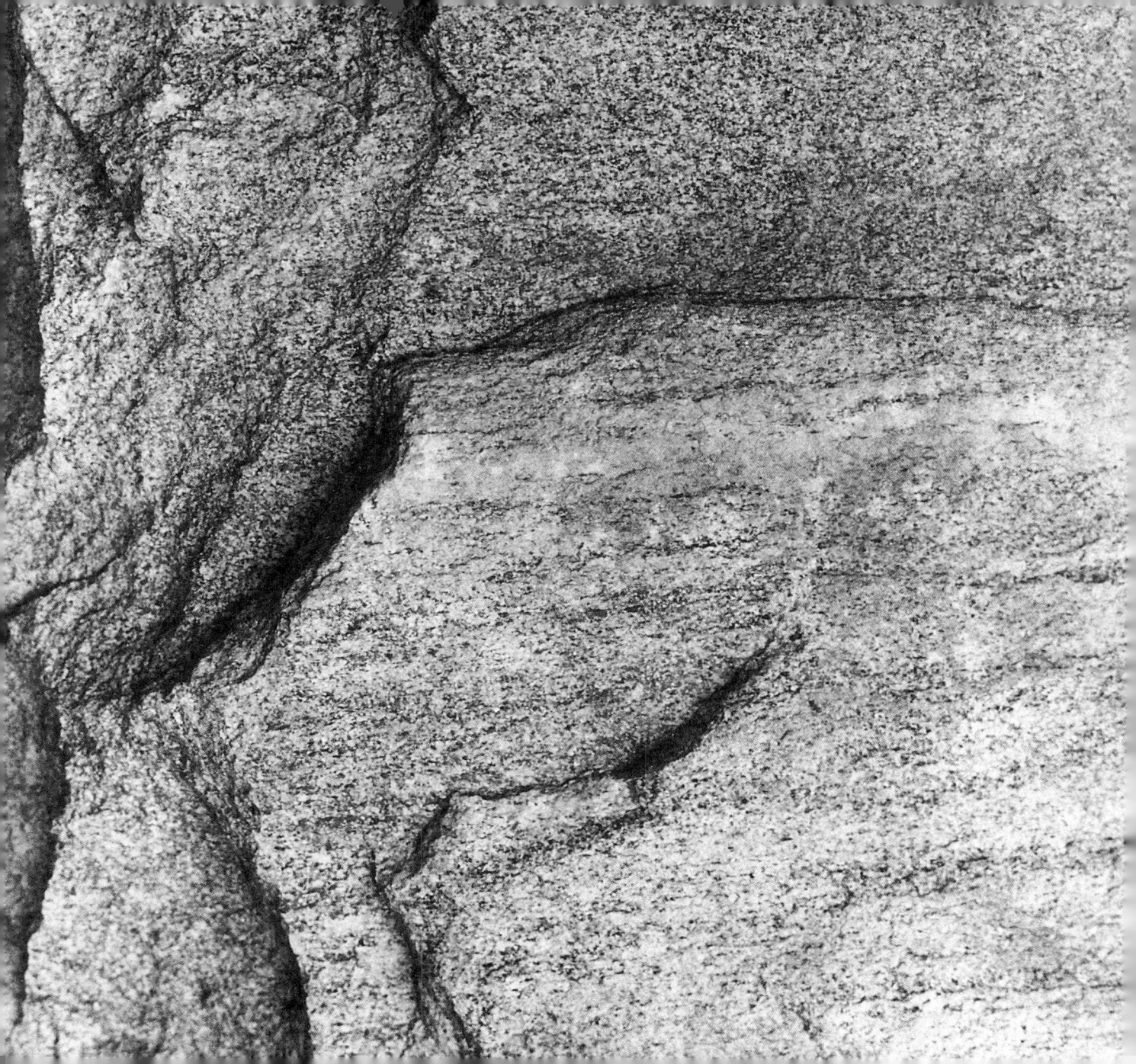

Steinbilder

Rund geschliffene Kieselsteine bewegen sich unter dem
Wasser im Fluß.
Gesteinsschichtverwerfungen ziehen Linien in den Berg.
Glitzerndes Glas im Granit.
Versteinerungen: Fische, Farn und Muscheln im Stein,
Amoniten vom Jurameer.
In Millionen Jahren wird Holz zu Kohle und Stein.
Bilder, die niemand sieht: Das Innere der Erde und die
Steinwände auf dem Mount Everest.
Bilder vom steinernen Mond.
Mauerbilder: Alte Klostereinfassungen aus Hausteinblök-
ken mit tief eingegrabenen Werkzeugspuren.
Fronarbeit der Bauern aus vergangenen Jahrhunderten.
Bilder aus Stein.

Betrachtet die Bilder aus Stein.

Holzbilder

Jahresringe und Maserungen in den Rückenlehnen der Bänke.
Augen aus Astlöchern in Tischplatten.
Fachwerkbalkenbilder.
Risse in den Fußbodenbrettern.
Schindelholzschuppen auf alten Häusern.
Zeichen und Namen geritzt in alte Schulbänke und in die Wände der Berghütten: Inge liebt Peter (Pfeil durchs Herz), die Vertiefungen mit Tinte nachgezogen.
Kreuzungen, gezogen von Messern auf Vesperbrettchen.
Bäume.
Rauhe Rinde, aus der man Schiffe schnitzen kann mit dem Messer.
Höhlen und Gänge aus Wurmlöchern.
Seppe aus Wurzeln, Wurzelseppe.
Äste und Zweige sperren sich im Winter gegen den Himmel, wie Gitter, sind Gitterbilder vor dem kalten Mond.
Holzstöße am Wegrand.
Krippenfiguren: Maria und Josef und die Engel aus dem Erzgebirge.
Das Chorgestühl von St. Maria.

Schneidet Bilder aus Holz.

Hüttchenspiel

Zufällig kommt ihr an einer alten Hütte vorbei. Ihr seid vielleicht gerade auf einer Wanderung oder einer Fahrradtour.

Macht das Hüttchenspiel!

Alle nähern sich langsam und vorsichtig der Hütte. Gemeinsam stellt ihr die wichtigsten Sachverhalte fest:

– Die Hütte scheint verlassen.
– Alles ist dicht, Tür und Läden sind zu.
– An manchen Stellen ist die Hütte schon ganz eingewachsen.

Jetzt bestimmt ihr einen »Forscher«, eine »Forscherin«. Der oder die muß feststellen, was sich in der Hütte befindet. Er oder sie wird das schon rauskriegen. Manche Hütten sind altersschwach, irgendein Brett läßt sich ein bißchen zur Seite drücken – und man sieht rein, oder man kann sich sogar durch einen schmalen Spalt in der Wand zwängen und in die Hütte eindringen.

Natürlich darf man keine Gewalt anwenden, das ist selbstverständlich!

Die übrigen bleiben in einer gewissen Entfernung im Gras sitzen und stellen Vermutungen über den Hütteninhalt an (Waldsäge, Karren, Mostkrug, Kanister, Hacke, Rüstung, Waffen, Räubersachen . . .).

Für jeden richtig benannten Gegenstand gibt es einen Punkt.

Narben – Spuren im Holz

Auf alten Wanderbänken, an Hüttenwänden, Aussichtstürmen und Ruheplätzen trifft man immer auf Spuren, auf Zeichen, auf eingeritzte Mitteilungen.
Einzelne Buchstaben sind mit Tinte, Farbe oder Kugelschreiber in den tief gekerbten Rillen nachgezogen. Gesichter sind manchmal darunter, Körper, Blumen – Holztätowierungen.
Immer aber Herzen.
»Helga und Adolf«, oder bloß »H + A.«
»Adam und Eva im Mai 1962.«
»Josch Forster mit Bussi.«
»Liesbeth liebt Hans, Juni 1972.«
»Ich war da – Sept. 1968.«
»Smuli und sein Schatz U. liebten sich hier.«
»Die drei Unerbittlichen! Zack Zoing!«
Je bekannter der Ausflugsort, desto dichter und zahlreicher die Nachrichten im Holz. Auf einer abgelegenen Bank schnitzt kein Mensch! Warum eigentlich?
Manchmal überlagern sich die Holzmitteilungen so, daß kaum noch etwas zu entziffern ist. Das ganze Brett ist dann eine große Holznarbe.
Wenn man an einem solchen Tisch Rast macht, hat man eine interessante Lektüre als Speiseunterlage. Zu Hause, in den Gasthäusern stehen einem solche massenhaften Informationen über die Vorgänger nicht zur Verfügung. Deshalb sollte man die Nachrichten sorgfältig aufnehmen, die Spuren sichern.
Papier auflegen und mit einem weichen Bleistift durchrei-

ben! Vorsicht, schräg und mit leichten Druck arbeiten. Die ganze Fläche gleichmäßig einschraffieren. Langsam zeichnet sich das Motiv auf der weißen Fläche ab. Das Herz mit dem Pfeil und den Anfangsbuchstaben der vielleicht längst getrennten Liebenden.

Immer nur die interessantesten Spuren sichern. Im Lauf der Zeit kann man die Blätter zu einem Buch zusammenfassen: S P U R E N – NARBEN.

Es gibt auch Narben, die keiner sieht. Die man nur innen spürt.

Schmerzliche Ereignisse hinterlassen Narben. Diese Verletzungen werden durch die Zeit geheilt.

»Zeit heilt alle Wunden«, sagen die Leute.

Die äußeren Spuren und Narben kann man sehen.

Die inneren Narben spürt man durch Erinnerung.

Fußballreportage-Spurensicherung

Nach einer wirklich großen Begegnung, einer Jahrhundert-Fußballschlacht, sollte man sich einige Spuren sichern. Für alle Zeiten. Nicht die üblichen Andenken, Hemden, Kickstiefel und so. Nein, es muß ein Stück vom Kampf selbst sein.

Am besten eignet sich ein Stück aus dem Strafraum. Die Erde sollte etwas feucht sein. Wenn es in der Halbzeit ein wenig geregnet hat, ist das ausgezeichnet.

Nach dem Spiel den Strafraum genau untersuchen. Wie war das mit der letzten packenden Eckballszene? Wo hat das Kopfballduell stattgefunden? Den Boden systematisch nach den Kampfspuren absuchen. Du findest bestimmt die Stelle, von wo aus das Tor geschossen wurde!

Wähl jetzt das spannendste Stück aus, etwa einen Quadratmeter groß. Stollen, Sohlen, aufgewühlte Erde. Mal ist ein Schuh halb abgedrückt, mal bloß ein Absatz, Wirbel, Schleifspuren. Zwei Schuhsohlen, die sich überkreuzen und tief in die Erde eingedrückt sind (ein Foul!). Dann sind da parallel stehende Abdrücke, eine Abwehrformation. Und gleich daneben ein Bündel, eine Anhäufung von Schuhspitzen: vermutlich das Kopfballduell!

Jetzt warten, bis die Erde einigermaßen abgetrocknet ist. Und dann die Spuren auf Transparentpapier übertragen. Vorsichtig und genau arbeiten. Am besten mit einem Stück Zeichenkohle. Auf die Verkürzungen achten, auf die Überschneidungen und Drehungen.

Nun überträgst du das Strafraumstück zu Hause auf Sperrholz. Mit der Laubsäge sägst du die verschiedenen Spuren des Kampfgetümmels aus. Die Stollen kann man aus Flaschenkorken aufsetzen.

Die Kampfspuren an den Rändern und Kanten fein verschleifen. Jetzt werden die einzelnen Spuren entsprechend der Transparentvorlage angeordnet und an der Wand befestigt. Zwischen den Fußball-Posters hat es sicher noch genügend Platz.

Die Kampfspuren werden anschließend beschriftet: »Strafraumszene in der 86. Minute aus dem Spiel Werder Bremen gegen den VfB Stuttgart. Verteidigungslinie und Kopfballduell«.

DENK- UND EMPFINDUNGSSPIELE
ERINNERUNGSSPIELE

Zueignungs-Blätter

Manche Leute führen ein Gästebuch. Dort soll sich der Besuch, die Verwandten und Bekannten, eintragen. Es gibt dann oft ganz originelle Sachen, kleine neckische Zeichnungen, ein Gedichtchen oder gar eine Kombination von beidem.

Es ist gerade ein Familientag. Die Gäste sollen sich alle ins Gästebuch eintragen. Aber nicht jeder kann das. Dann sitzt er vor dem weißen Blatt des Gästebuches und traut sich nicht. Und im stillen verwünscht er sich oder diese Situation, die ihn jetzt zwingt, originell zu sein. Denn irgendwie originell muß er ja unbedingt sein. Oder zumindest geistreich. Solche Momente sind nicht schön. Und vielen Eintragungen merkt man dann auch an, daß sie unter Druck entstanden sind.

Wie wär's aber statt dessen mit dem Zueignungs-Blatt-Spiel?

Wie das geht? Ganz einfach: Angenommen, es handelt sich um ein Fest, ein Familienfest, sagen wir eine Hochzeit, ein runder Geburtstag, eine Taufe; das Ereignis soll jedenfalls festgehalten werden. Es soll etwas entstehen, das später an den Tag erinnert.

Nun hält man für jeden Gast ein kleines Materialpaket bereit, das folgenden Inhalt hat:

- Mappe mit zwei, drei leeren Blättern,
- eine kleine Tube Klebstoff,
- verschiedene Stifte,
- zusätzlich vielleicht eine kleine Schere.

In einem kleinen Text, den man der Mappe beilegt, bittet man den Gast, im Lauf des Festes ein Zueignungs-Blatt anzufertigen. Ihm bleibt überlassen, wie und was er auf das Blatt bringt. Es soll aber einen Zusammenhang mit dem Fest, mit der Hauptperson des Festes haben.
Die Gäste kommen ins Gespräch. Sie werden zu Beobachtern und Sammlern. Ein Stück von der Serviette verschwindet in der Mappe, ein Foto, die Speisekarte. Zwischen den Festmahlzeiten haben die Gäste ja viel Zeit.
Auf den Blättern kann viel passieren:
- Man klebt ein Foto ein, das man mit einer Sofortbildkamera gemacht hat und baut einen schönen Rahmen aus gepreßten Blumen drumherum.
- Man läßt sich von einer eingeweihten Person ein älteres Foto geben und verfaßt einen entsprechenden Text dazu.
- Man klebt ein Stück von der Serviette auf das Zueignungs-Blatt und schreibt ein Tisch-Gedicht dazu.
- Vielleicht findet jemand im Haus eine interessante Spur, eine Jahreszahl, irgend etwas, das auf besondere Weise zum Haus und zur Hauptperson gehört. Dieses Zeichen wird jetzt auf dem Papier festgehalten (nachzeichnen, durchreiben usw.) und wird der Aufhänger für einen kleinen Gratulationstext.
- Du klebst vielleicht dein Tischkärtchen ein, eine Sicher-

107

heitsnadel, die eine »Beziehung« zusammenhält, eine Haarlocke, ein Stück Waffel vom Nachtisch.

– Dir fallen vielleicht die blauen Augen des Gastgebers auf, und du entschließt dich, daraus etwas zu machen. Die Farbe Blau und die damit verbundenen Bedeutungen und Anspielungen sind jetzt dein Thema.

– Ein anderer wird sich vielleicht bei der Zahl – angenommen es ist ein 50. Geburtstag – was einfallen lassen. Aus 50 läßt sich ja allerhand zeichnen, kleben, schnippeln.

– Was bietet der Garten? Vielleicht findet jemand einen toten Schmetterling mit einem wunderschönen Flügel (die Farben passen zu den Augen der Hauptperson). Einkleben und einen Glückwunsch dazuschreiben.

– Vielleicht möchte jemand etwas Jahreszeitliches machen, eine kleine Collage aus Früchten, Blättern, Liedern ...

Die Form ist völlig frei.

Das Blatt muß auch nicht ausschließlich mit der geehrten oder gefeierten Person zu tun haben. Der Autor des Zueignungs-Blattes kann durchaus auch eine Rolle spielen ...

Wie man die Liebe prüfen kann

Jeder will wissen, ob er geliebt wird. Das ist ein wichtiges Problem (manche halten es überhaupt für die wichtigste Frage).

Gut, du willst also wissen, ob dich dein Freund, deine Freundin noch liebt?

Das kann man mit Hilfe von Pflanzen feststellen. Es eignen sich viele Pflanzen dazu: Akazienblätter, Blüten verschiedener Blumen, ein Stück von einem Tannenzweig, ein Farnwedel ...

Nimm zum Beispiel einen Farnwedel, reiß nacheinander, links und rechts, die Blätter ab und murmle vor dich hin:
»Sie liebt mich –
sie liebt mich nicht –
sie liebt mich –
sie liebt mich nicht ...«
Immer murmeln und abreißen.
Nicht zu sehr an die Liebe dabei denken. Man kann sie nicht herbeizwingen. Ganz entspannt und schicksalsergeben murmeln und reißen.
Immer rechts und links.
Jedesmal ein Blättchen.
Weg.
Ja, und zum Schluß kommt heraus, daß sie dich liebt.
Oder es kommt eben heraus, daß sie dich nicht liebt.
Und manchmal stimmt das Ergebnis tatsächlich!

Wenn jemand ...

(ein Ich-versteh-dich-Spiel)
Wenn dir jemand die Zunge rausstreckt,
dann erzähl ihm, wieviel Stroh dein Hamster in der Woche braucht.
Wenn zu dir jemand »blöde Sau, blöde« sagt,
dann zeig ihm, wie man mit Daumen und Zeigefinger einen Schiedsrichterpfiff machen kann.
Wenn dir dein Freund seine Spielsachen nicht mehr gibt,

109

dann schieß einen Was-hast-du-bloß-Pfeil durch sein offenes Fenster.

Wenn dich deine Freundin einfach stehen läßt,

dann warte auf sie am anderen Morgen an der Kreuzung – du weißt schon wo.

Wenn dir dein Nebensitzer das Mäppchen klaut, während du auf dem Klo bist,

dann erzähl ihm anschließend die spannende Geschichte vom einäugigen gelben Jussuff, den du beim Hausmeister gesehen hast.

Wenn dich Fräulein Kühnhöflein dauernd drannimmt, obwohl sie weiß, daß du in Mathe nicht besonders gut bist,

dann erklär ihr, wie man ein Aquarium reinigt (oder warum eine Langlaufbindung anders gebaut ist als eine Abfahrtsbindung).

Wenn der Busfahrer immer gerade bei dir mit dem Schimpfen loslegt,

dann frag ihn mal, ob es schwer ist, einen Bus mit Schülern im Neuschnee zu fahren.

Wenn dein Vater nicht mehr mit dir spricht, weil er sich über deine Schularbeiten ärgert, oder darüber, daß du dein Zimmer nicht aufgeräumt hast,

dann erzähl ihm, wo man am billigsten tanken kann – du weißt solche Sachen ja von deinem Freund, dem Hausmeister.

Wenn deine Schwester schon wieder deine Farben benützt hat,

dann bau mit ihr zusammen mal einen Farbmagnet, mit dem ihr die verlorengegangenen Farben deiner Schwester leicht einfangen könnt.

Wenn Maiers auf der Treppe vor eurer Türe schon wieder Krach gekriegt haben, dann geh mal raus und zeig ihnen, wie man einen Besen auf dem Kinn balanciert.
Wenn deine Tante Jasmin beim nächsten Fest wieder ununterbrochen von ihren Zimmerpflanzen berichtet und von ihren Kleidern,
dann versteck dich doch mal im Schrank und mach Töne – aber wie!
Wenn dir wieder mal richtig zum Heulen ist,
dann hol doch deine Lieblingssachen zusammen, leg sie alle mitten ins Zimmer und setz dich dazu . . .

Frühlingsüberraschung

Die Spieler suchen mit einem Körbchen die Wiese auf. Zwischen den toten Pflanzen vom Vorjahr haben Huflattich, Gänseblümchen und Anemonen mit Gelb und Weiß das Farbenspiel des Frühlings eröffnet.
Jeder Spieler schaut sich eine Weile um. Er sucht leere Schneckenhäuser, Moos, glatte und blanke Steinchen, feine Erde, Blumen . . .
Und nun stellt er eine Frühlingsüberraschung her: ein Arrangement aus Schneckenhaus, Erde, Moos, Blumen. Ein Osterkörbchen aus Rinde, Kieselsteinen, Gänseblümchen. Anschließend wird die Frühlingsüberraschung versteckt und darf dann gesucht werden.
Später wird aus allen Frühlingsarrangements ein gemeinsamer Frühlingstisch oder ein Frühlingsfeld hergestellt.
Und inmitten der Frühlingsüberraschungen findet zum Schluß ein Frühlingsfest mit Kuchen und Getränken statt.

Der »Was-man-alles-machen-kann-Ordner«

Sicher bricht bei dir auch mal die große Langeweile aus. Du weißt nicht, was du mit dir anfangen könntest. Es fällt dir wirklich nichts Interessantes ein.

Für den Fall hat man seinen »Was-man-alles-machen-kann-Ordner«. Du legst den Sammelordner an, indem du wichtige Ausflugsziele, Tätigkeiten, Erlebnisse darin sammelst und in einzelnen Abteilungen festhältst. Im Lauf der Zeit schwillt der Ordner dick an. Da gibt es ganz unterschiedliche Abteilungen:

»Hallenbad« – mit Prospekt und Öffnungszeiten und Eintrittskarte, »Zoo« – mit Postkarte, kurzer Beschreibung und Hinweis über die schönsten Tiere,

»Fernsehturm« – mit Foto vom letzten Ausflug dorthin und der Rechnung über das gute Mittagessen,

»Minigolf« – hier hast du die Punktzahl notiert, die du beim letzten Spiel erreicht hast. Außerdem hast du dir die schwierigsten Stationen notiert und die Taktik, wie man sie bewältigt,

»Zum Geiststein wandern« – das ist ein besonders geheimnisvoller Ort, tief im Wald, den nur du und deine besten Freunde kennen, du hast eine kleine Zeichnung abgeheftet und eine Wegbeschreibung,

»Seifenkisten bauen« – hier hast du eine Konstruktionszeichnung abgeheftet und ein Foto, das dich als Pilot deines Wagens zeigt,

»Blumen pressen« – einmal hast du die ersten Frühlingsblumen gepreßt und beschrieben, es sind zehn Blätter geworden, die jetzt im Ordner abgeheftet sind.

Der Ordner ist nie fertig. Immer wieder kommen neue Sachen dazu: »Geburtstag im Park feiern«, »Nachtwanderung zur hinteren Mühle«, »selbst Eis herstellen«, »mit dem Fahrrad zur Kaisereiche«, »Krebse im Tiefenbach entdeckt«, »Nachthimmel mit Paul betrachtet« usw.
Wenn du also tatsächlich mal gar nicht weißt, was du tun könntest, wenn dich die Langeweile plagt, dann nimm einfach deinen Sammelordner aus dem Regal und blättere ihn durch.
Du glaubst gar nicht, wie schnell dann die Langeweile vergeht. Ideen über Ideen. Du hast jetzt nur noch das Problem der Entscheidung.

Wie baut man ein Gefühlsdenkmal?

Setzt euch zunächst im Kreis auf den Boden und überlegt, für welches Gefühl ihr zuerst ein Denkmal bauen wollt: Ein *Zorndenkmal* oder ein *Glücksdenkmal?* Vermutlich werdet ihr euch zunächst mit einem *Wutdenkmal* beschäftigen. Man hat ja doch ziemlich oft eine Sauwut – und kann dann leider nichts machen. Wer ein *Wutdenkmal* bauen kann, der hat anschließend keine so schlimme Wut mehr. Ganz bestimmt, ihr müßt das mal ausprobieren!

Nachdem ihr euch darüber verständigt habt, was ihr darstellen wollt, müßt ihr euch überlegen, wie ihr es darstellen könnt. Zum Beispiel ein *Zorn-* oder *Wutdenkmal.* Da überlegt man natürlich zuerst:
– Was gehört zur Wut? Wie zeigt sich Wut bei den Menschen? Wie sieht ein wütender, zorniger Mensch aus?

– Auf was muß man besonders achten?
– Welche Körperteile werden durch die Wut verändert?
– Wie kann man eine Gruppenwut darstellen usw.
Vielleicht mit dem Gesicht anfangen: verzerren, Zähne fletschen (wie ein angriffslustiger Hund), die Augen verdrehen, so daß man fast bloß noch das Weiße sieht. Kinn und Unterlippe vorschieben. Das Kinn auf die Brust pressen und die Augen zu schmalen Schlitzen machen . . .
Dann: Fäuste ballen, Angriffsstellung. Den Oberkörper leicht drehen. Eine Faust vor, mit der anderen furchtbar ausholen.
Einen Fuß vor, in den Knien etwas eingeknickt – aber nicht so, daß es etwa lasch aussieht. Es muß eher an die gespannte Situation eines 100-Meter-Starts erinnern. Der Hals muß Falten bekommen vor Anstrengung, und die Adern sollten hervortreten. Man kann z. B. auch den Unterkiefer so weit vorschieben, daß man nur die untere Zahnreihe sieht. Diese Zahnreihe sollte in die Oberlippe beißen, das wirkt.

Jetzt probt ihr mal eine Aufstellung. Zunächst im Kreis. Dann vielleicht mal in einer Reihe. Die beste Denkmalstellung ist aber doch wohl die in tiefgestaffelter Kampfstellung: Einer steht vorn, der größte, zornigste. Dann einen Schritt dahinter und seitlich etwas versetzt der nächste usw.
Aufpassen, daß das Ganze nicht lächerlich wirkt. Wenn die Zuschauer lachen, kann es sein, daß euch das ansteckt! Dann ist es natürlich vorbei mit dem Gefühlsdenkmal. Lachende Zorndarsteller nimmt niemand ernst, das ist klar.

Ihr könnt die *Wut* auch so darstellen:

Ihr stellt euch zu dritt auf. Gesichter gegeneinander. Über euren Köpfen habt ihr die Fäuste geballt und zu einer kleinen Plattform zusammengerückt. Der vierte Denkmalspieler steigt jetzt hoch und stellt sich aufrecht hin und hält die geschlossenen Fäuste hoch über seinen Kopf.

In einem normalen Zimmer kann man ein solches zweistöckiges Wutdenkmal gar nicht ausführen, aber in der Turnhalle z. B. . . .

Stellt euch dort mal auf, kurz vor dem Turnunterricht, die Lehrer werden staunen. Äußerste Konzentration! Auf jede Kleinigkeit achten! Und ihr müßt lernen, eine einmal eingenommene Position lange auszuhalten. Nicht gleich weglaufen. Es braucht nämlich eine gewisse Zeit, bis die Leute in der Turnhalle auf euch aufmerksam geworden sind. Dann allerdings werden sie ganz schön staunen!

Nach einer schlechten Klassenarbeit lohnt sich ein Wutdenkmal immer. Noch während der Lehrer die Hefte austeilt, könnt ihr euch schon zum Wutdenkmal aufstellen. »Ja – ja was? W – wie bitte?« – wird er stottern.

Nicht aufgeben. Mindestens fünf Minuten das Denkmal stehen lassen! Anschließend setzt ihr euch wieder und beginnt mit der Verbesserung der Klassenarbeit, wie die übrigen Schüler. Keine Sorge, es wird euch nicht viel passieren. Wer wird schon ins Klassenbuch eintragen: »Fünf Schüler haben fünf Minuten ein Wutdenkmal gebaut . . .«

Natürlich könnt ihr noch andere Denkmäler bauen: *Angst, Hoffnung, Freude, Trauer, Liebe, Zärtlichkeit . . .*

DENKSPIELE

Und ihr solltet euch überlegen, wo und wie man die verschiedenen Denkmäler aufstellen könnte.

Wenn man euch einen guten Klassenlehrer weggenommen hat, könnt ihr ruhig ein *Trauerdenkmal* im Flur (vielleicht vor dem Rektorat) machen. Schön wäre, wenn sich die ganze Klasse daran beteiligen würde. Das Trauerdenkmal könnte einen Mittelpunkt haben: ein Mädchen, das mit gesenktem Kopf und offenen langen Haaren und einem zerrissenen Schulheft in den Händen dasteht, wird von knienden, hockenden und liegenden Figuren so umringt, daß eine ganz flache Pyramide entsteht. Der gesenkte Kopf des Mädchens ist gewissermaßen die Spitze. Von dort aus führen alle Trauerlinien nach unten.

Wie wäre es zum Beispiel mal mit einem *Langeweiledenkmal* im Hochhaus? Abends, kurz nach Geschäftsschluß wäre der richtige Zeitpunkt.

Unbeweglich und vollkommen lasch hängt da so ein Langeweiledenkmal am Treppenaufgang (überlegt euch, was bei der Darstellung von Langeweile wichtig ist!); die Bewohner, lustlos auch sie, kämen von der Arbeit und würden auf das Langeweile-Denkmal stoßen!

»Was ist denn da los?«

»Sind wir denn im Bahnhof Zoo? Ich glaub, die sind alle high!«

»Ja, was soll denn das bedeuten?«

»Da ist ja die Ingrid dabei – Gott, wie die aussieht! Die Augen, um Himmelswillen, ich hol einen Arzt . . .«

So werden die Kommentare sein. Aber das stört euch nicht. Nach einiger Zeit löst ihr das Langeweiledenkmal auf und sprecht mit den Hausbewohnern. Vielleicht spielen manche mit . . .

Ganz besonders schön sind *Veränderungs-Gefühls-Denkmäler*. Das geht so: Ihr fangt mit einem bestimmten Gefühl an, zum Beispiel mit einem *Wutdenkmal*. Und dann verändert ihr langsam das Wutdenkmal, es soll in den nächsten Minuten ein *Freudedenkmal* werden.
Das ist nicht ganz einfach. Ihr müßt auf alles achten: Gesichtszüge, Augen, Stirnfalten, Mund, Kinn usw., aber auch der übrige Körper muß von Zorn auf Freude »umschalten«. Und zwar sollte das ganz langsam und ohne größere Unterbrechung vonstatten gehen.
Ihr müßt euch dabei gegenseitig beobachten! Das Gefühlsdenkmal hat während dieser Veränderung vermutlich sogar mehrere Stationen: Hoffnung, Zuversicht . . . Freude. Das letzte Gefühl, das Ziel-Gefühl muß ganz klar erkennbar sein. Wenn ihr das Gefühl habt, daß ihr soweit seid, dann nickt ihr euch gegenseitig zu, bzw. einer stößt den Jubelschrei aus – das vereinbarte Zeichen . . .
Gefühlsdenkmäler kann man in der Stadt bauen, in der Schule, im Wohnviertel, auf dem Spielplatz, im Hauptbahnhof – überall.

Sommer

Sommer, das ist das Flimmern über den Kornfeldern, der Geruch der heißen Straße und die Bläue des Himmels. Sommer, das ist der Dunst über den Bergen und die Sonne, die schon ganz früh aufgeht.

Vielleicht sollte man mal einen Sommer-Song machen. Einen, den es noch nicht gibt, den man riecht, spürt, schmeckt! Sommer – das ist eine ganze Welt . . .

– barfuß laufen
– die leichten Kleider, die kurze Hose
– der Staub über der Schotterstraße
– die Blumen in den Gärten
– Sommergerüche, Sommerfarben und Sommerlaute
– Urlaubserwartung
– Sommertiere
– Sommerplätze

Macht doch eine Sommerstimmungsseite in eurem Tagebuch!

Himbeeren gehören dazu, Blaubeeren und Kirschen . . .

Müßte nicht auch ein Sommergewitter dabei beschrieben werden? Erinnert euch: Wie geht es los, wie deutet es sich an, wie verläuft es?

Ein Sommergewitter könnt ihr auch malen.

Äpfel – Birnen – Zwetschgen

Herbstzeit – das ist Erntezeit! Macht doch das Erntedankspiel! Man muß es in einer Gruppe spielen. Die Äpfel, Birnen und Zwetschgen sollten schön reif sein.

Ein goldener Oktobertag wär das richtige. Vielleicht auch der letzte Nachsommertag im September.

Ihr spaziert raus auf die großen Streuobstwiesen vor der Stadt. Jetzt wählt ihr einen Apfelbaum, einen Birnenbaum oder einen Zwetschgenbaum aus, der ordentlich vollhängt. Ihr könnt euch auch auf mehrere Bäume verteilen.

Die Zweige sollten sich regelrecht biegen unter der Last der Früchte. Jetzt geht ihr um euern Baum herum. Rechts herum und links herum, fast wie bei einer Prozession.

Dann stehen bleiben und *bewußt* den Duft einatmen. Den Apfelduft, den Birnenduft, den Zwetschgenduft. Zuerst schnuppern, dann richtig tief einatmen und dabei die Augen schließen.

Schließlich laßt ihr euch unter dem Baum nieder. Die Füße in Richtung Stamm. Wie ein Stern liegt ihr unter dem Baum . . .

Die helle Spätsommersonne dringt kaum durch das dichte Blätterdach. Und jetzt wieder die Augen zumachen und den Duft einatmen. Tiefe »Lungenzüge« machen. Dabei immer ruhiger werden. Ganz entspannt. Alles, was mit dem Baum zu tun hat, auf sich einströmen lassen. Allmählich verschiebt sich das Denken und Fühlen in Richtung Apfelwelt, Birnenwelt, Zwetschgenwelt. Gedanken werden zu Wörtern. Und die Wörter wollen heraus. Und dann einfach sprechen, murmeln, wispern, flüstern:

Birnenkompott
Birnenschnitze, o getrocknete
O Most, erfrischender
Williamsbirne
Saft – du frischer Birnensaft du
Muuus – Apfelmus
Struuudel mein – o Apfelstrudel
Apfelschaumbad
Zwetschgenweibchen
Zwetschgenbrot, weihnachtliches
Apfelmännchen, Apfelfräuchen
Zwetschgenwässerchen
Brataäpfelduft
Apfelbrei
O Obstler
Kellergeruch
Brechbirnen, Brechäpfel, Obstkeller
Lager – Keller – Wintergeruch

Und dann nicht gleich aufstehen. Noch ein paar Augenblicke liegenbleiben. Die ganze Fruchtwelt nachklingen
lassen.
Beim Weggehen hat man dann vielleicht Appetit auf einen
Apfel. Das wird jeder verstehen können.

EINGRIFFE UND VERÄNDERUNGEN

Rindenblick – Blumenblick – Schilfblick

Rinden schützen und nähren. An den Rinden kannst du die Bäume erkennen. Rinden muß man anfassen, befühlen. Forchenrinde zum Beispiel ist warm, korkweich. Eine angenehme Haut. Hebt ein Stück Rinde auf.
Die Rinde anfassen, streicheln, ein bißchen die Rauhigkeit fühlen.
Und dann den Rindenblick probieren! Den unergründlichen Rindenblick. Es ist ein Geheimnis, ein Zauber. Spaziergänger kommen vorüber. Du bleibst stehen hinter deinem Baum. Du kümmerst dich nicht darum. Unerreichbar bist du, unergründbar. Vollends dann, wenn du auch noch in der Holzsprache vor dich hinmurmelst.

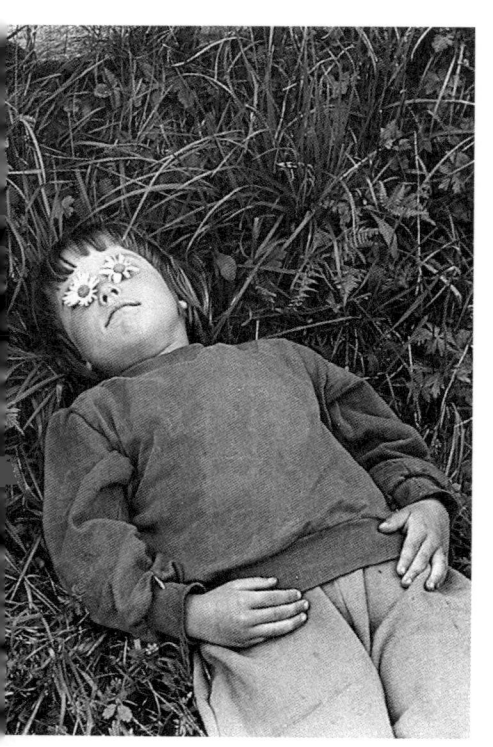

Auf einer schönen Frühlingswiese kannst du den Grasblick probieren. Oder den Blumenblick. Sternenklar ist dieser Blumenblick und eine Freude für die Spaziergänger. Am Bach oder draußen bei den Biotopen kannst du den Schilfblick probieren. Misch dich unter die fetten Schilfblätter, ihr sanftes Schwanken überträgt sich auf dich. Du bist ein Teil der Uferlandschaft und verstehst plötzlich die Geräusche am See . . .

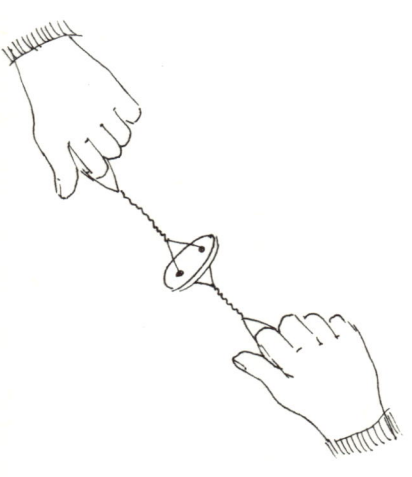

Obstkern-Luftschneider

Aus Pflaumenkernen, Zwetschgen- oder Aprikosenkernen kann man einen Luftschneider machen. Wenig ist dazu notwendig: ein Kern, ein spitzes Messer und ein feiner, aber stabiler Faden von 1,50 m Länge.

Jetzt wird der Kern mit zwei mal zwei Löchern durchbohrt, und zwar in gleichem Abstand zur Kernmitte. Die Löcher sollten ungefähr 1–2 cm voneinander entfernt sein. Nun führst du den Faden nacheinander durch die vier Löcher und verknüpfst die beiden Enden, um eine Schlinge zu formen.

Jetzt faßt du mit jeder Hand ein Ende der Fadenschlinge. Der Obstkern soll in der Mitte sein. Dreh ihn um seine eigene Achse, bis der Faden ganz aufgezwirrlt ist. So, und nun zieh an den Fadenenden!

Der Kern dreht sich. Wenn er sich schnell genug dreht, nähert man die Hände ein wenig. Der Kern dreht sich weiter und wickelt den Faden nach der anderen Seite auf. Und jetzt ziehst du die Hände wieder auseinander. Und wieder zusammen und wieder auseinander. Der Kern dreht sich abwechselnd nach der einen und nach der anderen Seite. Sausend und pfeifend zerschneidet er die Luft! Ihr könnt das Spiel auch als Gruppe machen. Dann stellt ihr euch im Kreis auf und laßt die Luftschneider losschnurren. Das gibt ein Geräusch, wie wenn ein Hornissenschwarm startet.

Obstkernpfeife

Aus einem Aprikosenkern kannst du eine Pfeife machen.
Du brauchst dazu ein Messer und ein Stück Draht.

Du bohrst jetzt mit dem Messer ein Loch in die Kernwand, mit dem Durchmesser von etwa 5 mm. Ganz durch. Wenn du es richtig gemacht hast, dann liegen sich die beiden Löcher direkt gegenüber.

Jetzt wird es ein bißchen schwierig. Du mußt nämlich mit einem gekrümmten Drahtstück das Innere aus dem Kern herauskratzen. Der Kern muß hohl sein.

Und dann steckst du ihn in den Mund, zwischen Lippen und Zähne. Du mußt den Kern so einsetzen, daß die beiden Löcher genau in der Mundspitze liegen. Atme tief ein und blase die Luft durch die Löcher hinaus. Es gibt einen spitzen und herrlich scharfen Pfiff!

Damit kannst du dich übrigens unter die Vogelrufe draußen in Feld, Wald und Wiese mischen!

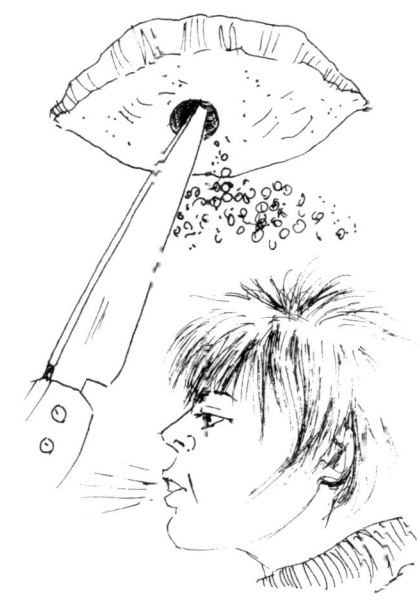

125

Nüsse schleudern

Du brauchst zu dem Spiel einen Faden, ein Dutzend Nüsse, sonst nichts.

Durchbohre eine Nuß mit einem spitzen Messer und führe einen Faden von ungefähr 1,5 m Länge durch. Verknote ihn sicher. Jetzt hast du eine Pendelschleuder.

Ihr seid eine Gruppe. Jeder Mitspieler braucht diese Schleuder, wenn er an der Reihe ist.

Nun zieht ihr einen Kreis von dreißig Zentimeter Durchmesser auf der Erde und legt in gleichmäßigem Abstand voneinander zehn Nüsse in den Kreis.

Nun versucht ihr, indem ihr die Pendelschleuder über der Fläche kreisen laßt, die anderen Nüsse aus dem Kreis herauszuschlagen.

Jeder Spieler hat einen Versuch. Trifft er keine Nuß oder berührt er mehrere, muß er weitergeben. Kann er jedoch eine Nuß hinausschleudern, darf er wiederholen, solange er Erfolg hat. Sieger ist, wer die meisten Nüsse herausgeschleudert hat.

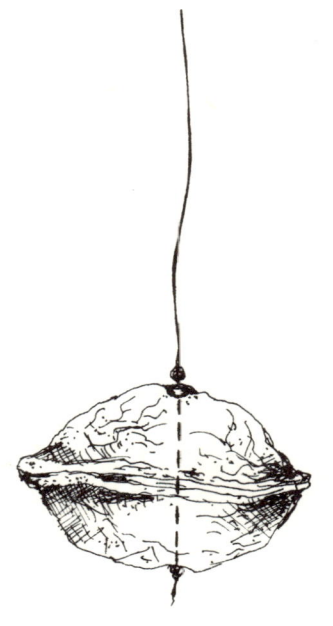

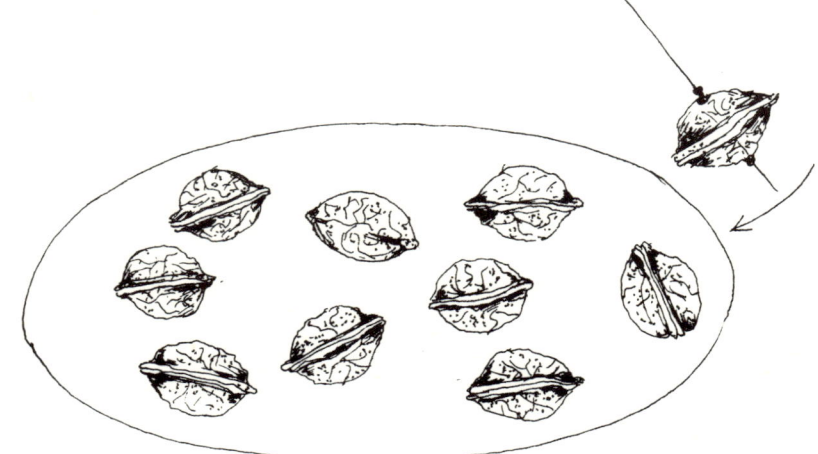

Klecksographien machen

Ein Tintenfleck auf einem weißen Papier!
Pressen und wieder auseinanderklappen, aber so, daß eine symmetrische Figur entsteht. Eine Doppelfigur – ein Schmetterling zum Beispiel. Oder ein Flugfisch.
Versucht das mal. Das gibt die sonderbarsten und überraschendsten Figuren.
Ihr braucht nicht unbedingt Tinte dazu zu nehmen. Es geht auch gut mit:
– einer Kirsche
– Heidelbeeren
– Himbeeren

– . . . .

Man kann anschließend ruhig ein bißchen mit der Feder oder dem Zeichenstift nachhelfen: Fühler malen, Beinchen, Stachel, Flügel anbringen.
Erfindet Figuren! Grausige, schöne, bizarre . . .

EINGRIFFE UND VERÄNDERUNGEN

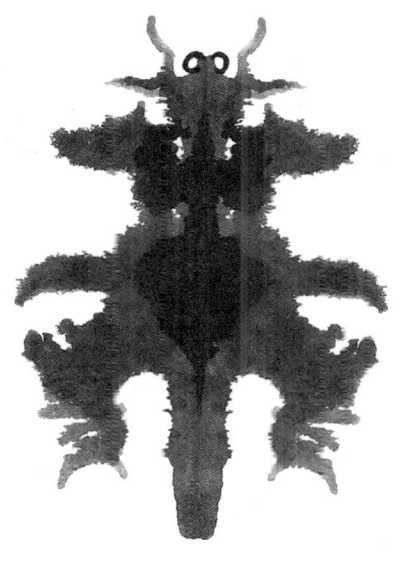

Gebirge herstellen, Umrisse von Eisbergen

Wenig braucht man zu diesem Spiel: Papier, Karton, Farbe, ein Messer, zwei Latten, einen Fotoapparat.

Sicher gibt es in eurer Umgebung einen kleinen Hügel, irgendeinen Buckel, den jeder kennt, auf dem vielleicht sogar ein kleines Ausflugslokal ist.

Du hältst eine große Pappe in entsprechender Entfernung vor den Hügel (ca. 3—4 km, je nach Größe) und zeichnest die Umrißlinie des Hügels darauf. Am besten macht ihr diese Arbeit zu zweit.

So, und jetzt den Hügel ausschneiden.

Nun entwerft ihr auf der verbleibenden Pappe oder auf Zeichenkarton ein kühnes Hochgebirge. Mit Spitzen, Gratverläufen, einsamen Nordwänden und gefährlichen Gletschermulden. Es sollte eine riesige Hochgebirgskette entstehen. Ihr könnt aber auch ein Gebirgsmotiv von einer Postkarte übertragen. Dazu überzieht man die Postkarte mit einem Netz kleiner Quadrate. Nun werden diese Quadrate entsprechend größer auf das Packpapier, auf den Zeichenkarton übertragen, und die Gebirgslandschaft kann angemalt werden.

Auf diese Weise kann man jeden berühmten Berg kopieren. Zum Beispiel das Matterhorn. Das ist aber nicht ganz einfach. Es muß sehr realistisch aussehen. Zeit lassen!

In der unteren Zone saftiges Grün, Wiesen, Kühe, dann eine dunklere Baumzone, graublaue Steilhänge, Steinhalden, die Schneegrenze und schließlich ganz oben ewigen Schnee und Eis. Ruhig etwas Blau ins Weiß einmischen. Dadurch wirken die Gebirge noch echter.

So, und jetzt wird die Kunst-Gebirgslandschaft ausgesteift mit einem Lattengerüst. Seitlich werden zwei Latten festgemacht. An diesen Latten hält man das gemalte Gebirge so hinter den Hügel, daß der Ausschnitt genau mit dem Hügel zusammenstimmt. Es entsteht der Eindruck, als ob hinter dem allseits bekannten kleinen Hügel plötzlich eine majestätische Hochgebirgskette aufgetaucht sei. Aus dem Nichts! Aus dem Boden hervorgezaubert!

Jetzt stellt ihr euch vor das imposante Panorama und macht Aufnahmen. Natürlich dürfen die beiden Lattenhalter nicht mit aufs Bild, sonst ist der Schmuh aufgedeckt! Beim Fotografieren müßt ihr die Entfernung gerade so wählen, daß der (wirkliche) Hügel und das (künstliche) Gebirge in den richtigen Größenverhältnissen erscheinen. Das Gebirge kann an verschiedenen Stellen hochgehalten werden. Vor dem Supermarkt, vor dem Arbeitsplatz, beim Schulhaus, neben dem Sportplatz, beim Freibad. Oder ruhig mal vor dem Klofenster.

Der Betrachter, der schon immer dieses Klo benutzt, und plötzlich einen hinreißenden Hochgebirgsblick von seinem Klofenster aus hat, wird vor sich hinmurmeln: »Ja was denn? Ja spinn ich denn . . .?«

Immer ist darauf zu achten, daß das Hochgebirge »paßt«, das heißt, es muß auf das Vordergrundmotiv gut abgestimmt sein. Die Größenverhältnisse müssen stimmen. Man kann das in der Regel durch die Entfernung ausbalancieren.

Hochstandbriefe

»Grün, grün, grün sind alle meine Kleider,
grün, grün, grün ist alles was ich hab . . .«
Jägerlieder.
»Halihihallo, halihihallo, mein Lust hab i-ich daran . . .«
Jägerlust.
»Im tiefen Wald, da hört man ein Gewimmer . . .«
Jägerlatein.
Überall draußen im Feld, vorwiegend aber am Waldrand
und auf großen Lichtungen trefft ihr auf Jägerstände, auf
Hochsitze. Von dort oben wird das Wild gehegt und ge-
pflegt und geschossen.
Habt ihr auch schon festgestellt, daß man nie jemand an-
trifft, wenn man an einem Hochstand vorbeigeht? Nie!
Egal ob zur Mittags- oder Abendzeit.
Man steigt vielleicht mal hoch. Erlaubt ist es ja nicht. Man
steigt trotzdem. Dort liegt höchstens ein leeres Fläschchen
Jägermeister, eine zerknüllte Zigarettenpackung. Sonst
nichts. Der Wind hat ein paar dürre Blätter auf die roh ge-
zimmerte Sitzbank geweht.
Du machst dir deine Gedanken.
Was sind denn das eigentlich für Leute, die im Morgen-
grauen hier stundenlang warten, auf Anschlag, um »zum
Schuß« zu kommen? Es sind ja nicht bloß die Jäger.
Brauereibesitzer, Politiker, Stadträte – viele Leute haben
eine Jagd.
Was wißt ihr denn von ihnen?
Wahrscheinlich recht wenig.
Wie wär es denn – fragt sie doch mal was! Schreibt Hoch-

EINGRIFFE UND VERÄNDERUNGEN

standbriefe! Das sind kleine Zettel mit Listen von Fragen, die ihr durch Plastikfolie schützt. Weil man nicht raufklettern darf, heftet ihr die Fragen einfach an eine der unteren Sprossen.

»An den Herrn Jäger!« Oder »An den Herrn Jagdscheininhaber!«

Und dann die Fragen, ihr könnt sie ruhig ein wenig bohrend stellen:

So, Sie sind heute wieder mal zur Jagd da? Ich grüße Sie unbekannterweise! Würden Sie mir freundlicherweise einige meiner – zugegeben neugierigen – Fragen beantworten?

Was kostet denn so eine Jagd?

Haben Sie denn heute Jagdgäste dabei? Handelt es sich um eine Jagdparty?

Wie oft sind Sie denn von hier aus schon zum Schuß gekommen?

Was haben sie denn für ein Gefühl, wenn Sie den Abzug bedienen? Haben Sie dann ein Gefühl?

Wo hängen die Jagdtrophäen?

Oder haben Sie gar keine Trophäen?

Stimmt es, daß jagende Persönlichkeiten vorwiegend grüne Kleider tragen, auch Unterkleider – wie man vielfach hört?

Gibt es einen Zusammenhang zwischen Politik, Geschäft und Jagd?

Ist die Einsamkeit des Jägers schlimm oder schön?

Brauchen Sie die Jagd oder könnten Sie genausogut auch darauf verzichten?

Waren Sie denn schon mal bei einer Treibjagd dabei? Wenn ja, auf welcher Seite?

Viele interessante Fragen könnt ihr stellen und geschützt im Plastiktütchen an eine untere Sprosse des Hochstandes heften.
Und dann, nach einer gewissen Zeit könnt ihr ja wieder nachsehen. Hoffentlich sind Antworten da. Beim »Anstehen« oder »Ansitzen« haben die Jäger ja oft stundenlang Zeit zum Überlegen und Schreiben. Wer weiß, vielleicht hat man euch längere Briefe geschrieben und hinterlegt . . .

Der Stall ist vielleicht ein altes Blech

Im Dezember wartet der Wald. Das ist die richtige Zeit. Da mußt du losgehen. Nimm einen Korb mit, ein Messer und vielleicht eine Schnur. Und deinen Freund. Oder deine Freundin.
Jetzt durch den Wald streunen und die Augen offenhalten: die Stille hören. Den Winter riechen, sehen und suchen.
Wie ist das Jahr zu Ende gegangen?
Wie haben sich die Hagebutten verfärbt?
In welchem Zustand sind die Tannenzapfen und Buchekkern?
Die leeren Schneckenhäuschen leuchten muschelfarben unter dem Moos.
Die Rinde streicheln. Und das Harz riechen. Und dann stehen bleiben, vielleicht auf einer erhöhten Stelle und die nähere Umgebung betrachten und untersuchen.
Du willst nämlich einen Stall bauen zu Weihnachten. Und

einen Josef samt Maria. Mit Kind, Esel, Ochsen, Hirten. Mit den himmlischen Heerscharen und den drei Weisen aus dem Morgenland . . .

Dort liegt eine glänzende Eichel. Ist das nicht ein Hirtenkopf mit Käppchen? Aber natürlich! Also in den Korb. Und das Schneckenhaus dort sieht aus wie ein Tier, das sich zusammengerollt hat. Oder wie ein wunderbares Geschenk aus dem Morgenland. Einer der drei Könige wird's auf dem Kamel haben. Und das Stück Rinde, das da vom Baum weghängt? Das ist natürlich ein Stück Stall. Und das Dach für den Stall? Das ist vielleicht das alte Blech dort hinter dem Baumstumpf. Vor zwanzig Jahren hat aus dieser Büchse ein Holzfäller gevespert. Das Blech ist verbogen, löchrig und rostig. Ein ärmliches Dach für den ärmlichen Stall. Und aus den weißen Ästchen dort könnte man die Krippe machen. Ja, und das letzte dunkelrote Brombeerblatt könnte den Mantel der Maria abgeben. Die Bucheckern gleich daneben werden Josefs Schuhe.

Alles einsammeln, betasten, die Form ausprobieren. Viel mitnehmen. Auch Zweige und dürres Gras. An das Stroh denken. Und an Futter für die Ochsen. Die Engel brauchen weiße Flügel und die Könige kostbare Kleider.

Alles findest du im Wald. Die Edelsteine findest du zwischen den Wurzeln. Und mit einer Handvoll Tannenzapfen hast du die Körper der Hirten.

Und dann zu Hause alles ausbreiten auf einem großen Brett. Die ganzen Schätze.

Und jetzt macht die ganze Familie mit beim Zusammenbauen. Das wird ein schöner Abend, den keiner so schnell vergißt.

STADTSPIELE

Straßen-Spiel

Straßen gehören zum Menschen. Sie kommen wo her und führen irgendwo hin. Straßen verbinden.
Auf Straßen hat sich viel abgespielt.

Spielt das doch mal nach!
Eine alte Straße – vielleicht eine ehemalige Römerstraße! Du hängst dir eine alte Decke über die Schulter, bindest einen Gürtel um und trägst damit eine römische Toga. So, und in dieser Feldherrenkleidung gehst du die Straße entlang. Plötzlich bleibst du stehen, nimmst ein Stück Papier zur Hand und beginnst mit dem »Aufruf an das Volk!«

Oder ihr seid eine Gauklergruppe: Euren Hund verkleidet ihr ein bißchen, er soll den Tanzbär spielen. Dann braucht ihr einen Ansager und Vorausschreier. Der meldet euer Kommen an. Dann folgen die drei Tänzerinnen, der Jongleur und schließlich der Spaßmacher. Der bringt die Leute durch Grimassen zum Lachen. Wenn ihr keinen Drehorgelspieler dabeihabt, dann macht ihr die Drehorgelmusik mit Flöten, Mundharmonika und einer alten Geige.

Man kann mit einer alten Straße auch ein »Straßenstationenspiel« machen: Markante Stellen aufsuchen und etwas verstecken. Geheimnisvolle Zeichen anbringen und dann ein Suchspiel machen: Was verbirgt sich entlang der alten Straße?

Vielleicht organisiert ihr auch mal einen historischen Festumzug: »Die geschlagenen Bauern« aus dem Bauernkrieg. Oder: »Marktweiber auf dem Weg in die Stadt« – bei diesem Festzug müßt ihr Körbe auf dem Kopf balancieren! Ihr könnt auch den »Rattenfänger von Hameln« spielen. Sucht euch die geeigneten Straßen aus!

Treppen-Geschichten
Treppen-Witze

Überall in der Stadt gibt es Treppen. Solche Treppen laden ein zum Rauf- und Runtergehen.

Man kann springen, überspringen, vorwärts und rückwärts hüpfen. Man kann die Treppe auf allen vieren (wie ein Tier) begehen. Besonders eindrucksvoll ist das, wenn ihr eine ganze Herde seid. Von oben nach unten müßt ihr die Treppe hinabschleichen und dabei ruhig auch tierische Laute ausstoßen: fauchen, brummen, zischeln, bellen usw. Das bringt ein bißchen Leben in die Stadt!

Man kann die Treppe aber auch für stillere Spiele benützen.

Setzt euch doch mal auf die oberste Treppenstufe. Und jetzt beginnt der mit der kleinsten/größten Schuhgröße eine Geschichte zu erzählen. Die Geschichte kann von der Treppe handeln oder von etwas ganz anderem.

Nachdem die Geschichte ein Stück weit gediehen ist, setzt sich der Erzähler einfach eine Stufe tiefer. Das Zeichen,

daß er nicht mehr weitererzählen will. Jetzt rutschen die anderen nach. Derjenige, der rechts vom Erzähler sitzt, muß die Geschichte weitererzählen. So lange, bis auch er keine Lust mehr hat, bzw. bis ihm nichts mehr einfällt. Er rutscht weiter. Alle rutschen nach. Rechts erzählt weiter. Wenn alle durch sind, beginnt wieder der erste.

Die Treppengeschichte sollte so gebaut werden, daß sie auf der letzten Stufe auch mit einem passenden Schluß aufhört.

Man übersieht ja die vor einem liegenden Stufen und kann sich mit seiner Erzählung langsam auf den Schluß vorbereiten. Das erfordert allerdings ein wenig Einfühlungsvermögen. Keine unnötigen Höhepunkte mehr einbauen zum Schluß, sondern abrunden.

Wenn jemand mit dem Schluß nicht einverstanden ist, dann rennt er einfach so schnell wie möglich wieder hoch auf die erste Stufe. Damit macht er den Anfang zum zweiten Teil der Treppen-Geschichte!

Wenn man keine Geduld hat, eine so lange Geschichte zu erzählen, dann kann man auch Treppen-Witze machen: »Kennst du den?«

Man erzählt sich Witze und rutscht dabei, Witz um Witz, immer weiter nach unten. (Die Witze müssen dabei nicht unbedingt blöder werden, sie können sich auch steigern!)

Patenschaft für ein Haus
Ein Kontakt-Spiel

Auf deinem täglichen Weg kommst du an vielen Häusern vorbei. An großen und kleinen. An modernen und manchmal unpersönlichen und kalten Gebäuden oder auch an gemütlichen alten Häusern.

Betrachte dir die Häuser einmal der Reihe nach. Und dann entscheidest du dich für ein Haus. Es braucht nicht großartig zu sein. Vielleicht ist es ein ganz kleines altes Fachwerkhaus. Das wird jetzt dein Paten-Haus!

Zunächst schaust du dir das Haus genau an. Wieviele Fenster hat es? Wieviele (und welche) Türen? Gibt es Besonderheiten an dem Haus? Geh einfach mal an die Haustür und lies das Türschild. Vielleicht wohnen ausländische Mitbürger dort. Vielleicht ein alter Schreinermeister . . .

Und nun beobachtest du das Haus jeden Tag. Du wirst dabei im Lauf der Zeit feststellen, wer dort wohnt. Vielleicht gibt es Kinder, Jugendliche . . .

Vielleicht siehst du immer zur gleichen Zeit eine Frau mit der Einkaufstasche oder einen alten Mann mit der Zeitung unter dem Arm. Manchmal sieht man auch, wie jemand den Staublappen aus dem Fenster schüttelt. Es ist auch möglich, daß eine Katze, ein Hund in dem Haus wohnt. Auch das wirst du natürlich rauskriegen. Weil du dich mit dem Haus beschäftigst, kriegst du ja ziemlich viel raus!

Nach einer gewissen Zeit nickst du den Bewohnern des Hauses beim Vorübergehen zu. Dann grüßt du sie. Du kannst sie ja mit Namen ansprechen, weil du das Türschild gelesen hast.

Die Leute werden bald freundlich zurückgrüßen. Oder sie werden dich verwundert betrachten und den Kopf schütteln. Das macht dir aber weiter nichts aus.

Und dann kommt es vielleicht mal zu einem kurzen Gespräch. Du erzählst, daß dich dein Weg täglich am Haus vorbeiführt und daß dich das Haus interessiert und natürlich auch die Bewohner.

Der Hund/die Katze kennt dich auch bald.

Und irgendwann ist es dann so, daß du dich immer mal ein paar Minuten bei dem Haus aufhältst, mit den Hausbewohnern sprichst und Neuigkeiten austauschst.

An Ostern oder Weihnachten wirfst du vielleicht eine selbstgemachte Karte in den Briefkasten: »An mein Patenhaus.«

Es ist durchaus möglich, daß man dich mal einlädt, daß man dir was zu essen anbietet oder daß du einen Fernsehfilm mit angucken darfst. Solche Angebote nimmst du gerne an. Denn jetzt kannst du dein Haus sogar noch von innen kennenlernen.

Es ist schön, wenn du ein Foto von »deinem« Haus machst und zu Hause an die Wand hängst. Wenn dich jemand fragt, was das für ein Haus ist, kannst du ja wahrheitsgemäß sagen, daß das dein Paten-Haus ist.

Wenn ihr eine Gruppe seid, dann wählt doch verschiedene Häuser aus. Jeder sucht sich sein Haus. Und nach einiger Zeit tauscht ihr Informationen aus. Auf diese Weise lernt man seinen Stadtteil endlich mal richtig kennen.

Stadtplanspiel

Mach ein Stadtplanspiel. Es wird mit Figuren gespielt und mit Würfeln. Die Figuren bewegen sich durch die Straßen. Dazu eignet sich jeder Stadtplan. Besonders schön ist eine mittelalterliche Stadt. Ich habe Verona als Beispiel gewählt. Die berühmtesten Gebäude, Plätze und Sehenswürdigkeiten werden mit Zahlen versehen.

So, und jetzt müssen Regeln ausgehandelt werden für das Würfelspiel. Jedes mit einer Nummer versehene Gebäude ist ein Hindernis, beziehungsweise ein Punkt, an dem der Spieler etwas Bestimmtes machen muß.

Nr. 27: Arena. Wer hier ankommt, muß eine Opernarie singen oder ein Lied.

Nr. 9: Pulverturm. Der Spieler muß explodieren. Im Umkreis von zweihundert Metern fallen alle Figuren um.

Nr. 17: Brücke. Wer hier ankommt, muß warten bis ein Boot vorbeikommt und ihn mitnimmt.

Nr. 4: Gefängnisturm. Spieler, die hier ankommen, werden das ganze Spiel über festgehalten. Wenn genügend Spieler beisammen sind, kann eine Gefängnisrevolte stattfinden. Die Spieler brechen aus.

Nr. 15: Palast. Hier darf nur mit Purpurmantel und Krone weitergespielt werden. Der Spieler muß sich die Herrscherkleider beschaffen oder machen.

Nr. 16: Das städtische Hospital. Der Spieler muß warten, bis ein Mönch aus einem Franziskanerkloster (Nr. 26) vorbeikommt und ihm hilft (für ihn würfelt).

Nr. 25: Alte Kirche. Hier darf der Spieler eine Messe lesen oder ein Lied singen.

Nr. 29: Stadttor. Weiter darf nur, wer sich entsprechend ausweisen kann. Jeder Spieler, der hier ankommt, muß glaubhaft nachweisen können, wer er ist: Handwerker, Fahrender, Geistlicher, Händler, Mönch, Bauer usw. Er spielt eine selbstgewählte Rolle (Pantomime) und darf erst weiter, wenn die anderen Mitspieler in ihm den Händler, Scharfrichter, Bettler usw. erkannt haben.

Jeder Spieler wählt sich ein bestimmtes Ziel, das er mit seiner Figur auf dem kürzesten Weg zu erreichen versucht: einen Palazzo, ein Castell, eine Burg, eine Flußinsel oder irgendeinen Winkel in der Stadt.
Das Spiel ist aus, wenn alle Spieler ihre Figuren am Ziel haben.

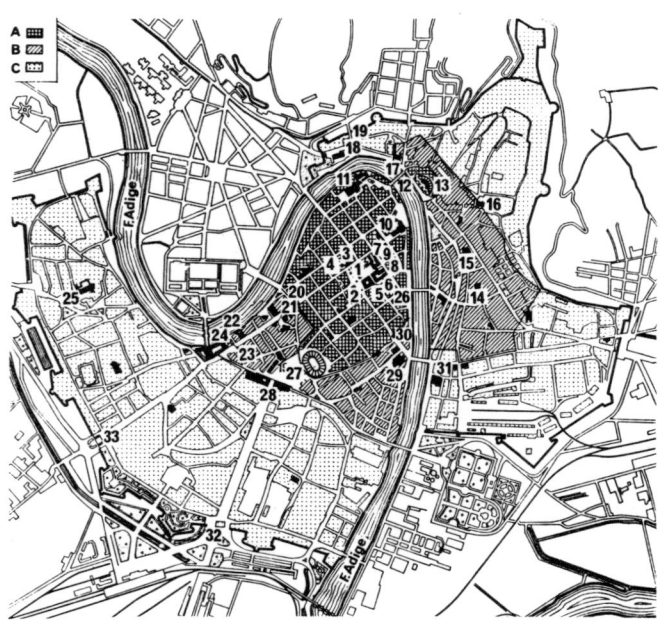

Blumensprache

Blumen kann man bekanntlich pressen.
Gepreßte Blumen und auch andere Pflanzen kann man zu
Erzählbildern, zu Geschichten zusammenstellen.
Blumenblätter werden Erzählblätter. Man muß die Blumen nur genau betrachten und in den Blumen die Gestalt
erkennen:
Schlüsselblume beugt sich auf Veilchen, das ist eine Mutter mit Kind.
Herbstzeitlose in einem Moosnestchen, das ist ein Ostergruß aus zeitlicher Entfernung.
Kamillenblüten zwischen Lorbeerblättern, das ist ein Genesungsbild.
Rote Wiesennelken über gleichmäßig grünem Kleegrund,
das wäre dann ein kleines Wiesenfeuerwerk.
Und wie könnte man einen »Muttertag« pressen? Durch
Margeritenblüten in kreisförmiger Anordnung zum Beispiel.
Ein zartes Röslein auf Brennesselblättern, das bedeutet:
»Noli me tangere« (Rühr mich nicht an).
Sumpfdotterblumen neben dürren Gräsern, also fett neben
mager, das ist Josefs Traum von den sieben fetten und den
sieben mageren Jahren.
Die Blumen-Erzählbilder kann man zu verschiedenen Anlässen verschenken. Und natürlich Anspielungen und Andeutungen mit hineinkomponieren!

Ärger mit der Tochter